ミュージカル史

★

小山内 伸

中央公論新社

はじめに

ニューヨーク市の中心部マンハッタンは、南北をアヴェニュー（番街）が、東西をストリート（丁目）が縫う、折り目正しい街並みを形成している。マンハッタン島南端からやや北西に向けて走り、7番街と42丁目の交差点で斜めに交わる通りがブロードウェイだ。ちょうどその交点に位置する広場がタイムズ・スクエアであり、世界有数の繁華街として昼夜を問わず観光客で賑わっている。

だが、「ブロードウェイ」は一般的に、街路の名称というよりはむしろ、タイムズ・スクエアを中心とする劇場街の代名詞となっている。現在、ブロードウェイには40ほどの大劇場がひしめき合い、連日、あまたの演劇作品を上演している。ミュージカルはこの地を拠点として、この100年以上、繁栄と進化を遂げてきた。

夏の日、芝居が始まる午後8時頃はまだ明るい。バーの喧騒が高まり、劇場を目指す人々が足早に行き交う劇場街を歩いていると、そこはかとない土地の磁力といったものをふと感じることがある。

19世紀、まだガス灯が街路を照らしていた時代から、劇場街は非日常的な歓楽スポットとして人々を集めてきた。燕尾服や優美なドレスに身を包んだ男女が、馬車で乗り付ける。劇場のロビーはちょっとした社交場だ。舞台の上では、見たこともない風景、めくるめく舞台転換、心浮き立つダンス、コメディアンの達者な芸、惚れぼれとする歌唱、そしてロマンティックあるいは英雄的な物語が繰り広げられ、観客を魅了する。それは目を見張らせ、涙腺を緩ませ、横隔膜を痙攣させ、胸を揺さぶる、夢のような世界だった。この地でおびただしい観客が息を呑み、心から感動し、惜しみないスタンディング・オベーションを贈った。そうした熱狂と感涙の残り香が、なおどこかに漂っているのではないか……。

しかし、あまり長くはそういった感慨に耽ってもいられない。開演時刻が迫っており、私もまた足早に劇場に向かう。今日つくられた新たな舞台に、新たに感動するために。

本書は、ミュージカルの起源から現在までをひもといたブロードウェイ・ミュージカル史である。歴史を書く以上、黎明期から書き起こしたが、初期の経緯はいささか馴染みが薄いかもしれない。従って、ミュージカル史における主要な作品をまず知りたいという方は、4章「金字塔『ショー・ボート』」から読み始めていただいても、一向に構わない。実際、ここから現代ミュージカルは始まっているのだから。

ミュージカルは今や、最多の観客を擁する演劇ジャンルに成長した。それは歌と踊りがあって楽しいから、といった素朴な理由のみによるものではもちろんない。歴史上、豊かな才能によって卓越した創造が間断なくなされてきた集積の果てに、今日のミュージカルの隆盛がある。本書では、あらすじや楽曲、公演データに留まらず、その作品がなし得た達成、更新した表現、比類なき創意の記述に紙幅を費やした。本書を通じて、ミュージカルがいかにして成熟してきたかを実感していただけたら幸いだ。

それでは、かつて燦然たる光彩を放った名舞台の残り香を追って、夢の世界へと旅立つ——。

contents

装幀／中央公論新社デザイン室

ミュージカル史

1.

黎明期の先行芸能

ミュージカルを難じる言いぐさに、このようなものがある。

「いきなり歌ったり踊ったりするのは変だ」

こうした意見を耳にするたびに、この発言者はいったい何を見てそのような認識を抱くに至ったのか、私は大いに興味をそそられる。よほどひどいプロダクションを見たか、あるいはろくに見たこともないのではあるまいか。

もし、実際にブロードウェイかロンドンの劇場に赴いて、音楽から照明までピタリと合った、一級の歌い手とダンサーによる一糸乱れぬパフォーマンスを見たのであれば、このような間の抜けた感想を漏らすことは、よもやあるまいと思われる。

そもそも、劇中に歌や踊りを含む演劇であるなら、その歴史は古代ギリシャ劇にまでさかのぼる。例えば、アリストパネスの『女の平和』（B.C.411年）は台詞の合い間に歌と踊りを挿入した喜劇であり、様式的にはミュージカル・コメディと根本的な差異はない。その初演の際、観劇した古代ギリシャ人が「いきなり歌ったり踊ったりするのは変だ」と述べた、とする記録を残念ながら私はいまだに見つけられていない。

あるいは、まったく別の観点からだが、こうも言える。「人間は、いきなり歌ったり踊ったりすることのある動物である」

しかしながら、歌や踊りと、台詞による芝居との間に飛躍ないし分裂を見出す指摘は、はしなくもミュージカル史においては一面の真理を突いている。ミュージカルは確かに、「歌やダンスを独立してショーアップする芸能」の流れを汲んで形成されたものだからだ。

ミュージカルは、誰かによって発明されたのでもなければ一朝一夕に成ったのでもない。重厚なオペラが軽快なオペレッタとなり、それが現代的なミュージカルとなった、とする流れも系譜のごく一部に過ぎない。ミュージカルは、ヨーロッパとアメリカで育ったいくつもの先行芸能の諸要素を取り入れ、大西洋を往還しながら影響を及ぼし合って、徐々にジャンルとして確立されていった。

バラッド・オペラ

その原型は、1728年にロンドンで初演されたジョン・ゲイ（1685―1732）作のバラッド・オペラ『乞食オペラ The Beggar's Opera』とされる。バラッドとは大衆的な流行り歌を借用した物語詩のことで、俗謡を基にゲイが歌詞をつけ、作曲家のヨハン・クリストフ・ペープシュが編曲した。楽曲はいわば替え歌であった。この作品は多くの歌を含むものの、オペラ特有のレチタティーヴォ（説明や対話のための叙唱）がなく、代わって膨大な台詞がある。

『乞食オペラ』は18世紀のロンドンを舞台に、悪人が我がもの顔でのさばる腐敗した社会を描いた風刺劇だ。追いはぎの親分マクヒースは、盗人から盗品を買い上げて荒稼ぎする有力者ピーチャムの娘ポリーと恋仲になり、極秘に結婚する。それを知って激怒したピーチャムは、マクヒースを犯罪者として当局に告発。マクヒースは隠れ家で娼婦たちと快楽に耽っているところを逮捕される。監獄では二股をかけていた女性二人に迫られて困窮し、さらには処刑台送りとなる。ところが、この物語はベガー（大道芸人などの貧民）と俳優らが上演しているお芝居であるとの外枠があり、それを都合よく利用した唐突なハッピーエンドで幕となる。

当時の英国ではイタリア・オペラが隆盛を誇っており、その舶来・貴族趣味に対する反動として、オペラの形式を皮肉ると同時に、社会の底辺に生きる群像を戯画化して活写するこの風刺劇が庶民に支持された。当時としては異例といえる62回の公演を記録している。インターネット・ブロードウェイ・データベース（IBDB）に見られる非常に古い記録として、ニューヨークでは『乞食オペラ』は1750年12月に初演された、とある（なお、アメリカにおける最初のバラッド・オペラは、1735年にノース・キャロライナ州チャールストンで上演された『フローラ Flora』であった）。

『乞食オペラ』は今日でも上演されているが、初演から200年を記念してこれを翻案した『三文オペラ』（1928年ベルリン初演。ベルトルト・ブレヒト作、クルト・ワイル音楽）の方がはるかに有名になった。代表曲「マック・ザ・ナイフのバラード」は名高いスタンダード・ナンバーとなっている。

バラッド・オペラはドイツやオーストリアに伝わり、ジングシュピール（歌入り芝居）となって流行する。中でもW・A・モーツァルトの『魔笛』（1791年）は、歌と台詞によって構成され、庶民を対象に上演された点でミュージカルにごく近い。これをオペラに分類するのは、作曲者がモーツァルトであるから、ということでしかない。

オペレッタ

その後、イタリアのオペラ・ブッファが転じて、19世紀半ばのパリでオペレッタ（軽歌劇）が生まれる。字義は「小さいオペラ」の意で、オペラより規模が小さく、軽快で娯楽性が高く、歌い手が台詞や踊りも担う。1858年、パリで初演されたオッフェンバック作曲の『地獄のオルフェ』が初の本格的オペレッタとされる。この作品の序曲からは有名な「フレンチ・カンカン」が生まれた。さらに彼の『美しきエレーヌ』（1864年）の大成功でオペレッタ人気が定着する。

オペレッタは時を置かずしてウィーンに伝播し、半世紀にわたり流行した。スッペの『美しきガラテア』（1865年）を皮切りに、同『軽騎兵』（1866年）、ヨハン・シュトラウスⅡ世の『こうもり』（1874年）、フランツ・レハールの『メリー・ウィドウ』（1905年）、オスカー・シュトラウスの『ワルツの夢』（1907年）などが生み出された。

同じ頃、英国では作曲家アーサー・サリヴァンと劇作家W・S・ギルバートのコンビによる「サヴォイ・オペラ」が人気を博する。彼らは自作を「喜歌劇（コミック・オペラ）」と称したが、形式上はオペレッタと違いはない。ウィットに富んだ風刺性が持ち味で、海軍の軍艦を舞台に身分違いの恋愛騒動をつづる『軍艦ピナフォア H.M.S. Pinafore』（1877年）、海賊に育てられた男と警視総監の娘との甘い恋を描く『ペンザンスの海賊 The Pirates of Penzance』（1879年）などが代表作。とりわけ、日本を舞台とするエキゾティックな『ミカド The Mikado』（１８８５年）はロンドンで６７２回のロングランを記録した。

同じ英語圏であるブロードウェイにおいては、ギルバート＝サリヴァンは１８７９年、『軍艦ピナフォア』が２劇場で同時にロングランしたほか、他に3作品が上演されるブームを呼んだ。それ以来、１９３０年代まで数多くの演目が上演され、ミュージカルに影響を与えた。

ミンストレル・ショーとバーレスク

こうしたヨーロッパ発祥の芸能とは別に、アメリカ独自の芸能として19世紀中葉、ミンストレル・ショーが大衆的な娯楽として人気を集めた。顔を黒く塗った白人が黒人を演じる滑稽な演し物《だ》で、楽団を従えての歌やダンス、ジョーク、スケッチなどで構成された。１８４３年に始まった「ヴァージニア・ミンストレルズ」が最初の劇団と目される。次いで「チャリティー・ミンストレルズ」が3幕ものの形式を確立し、バーレスクやヴォードヴィルに影響を及ぼした。典型的な構成は、①ミンストレル・ライン——導入のジョークや歌、ダンス、②オリオ（雑多な演し物）——歌、ダンス、滑稽な寸劇、奇術・曲芸など、③アフターピース——1幕ものの音楽劇、といったメニューだった。アメリカの国民的作曲家スティーヴン・フォスター（１８２６－１８６４）は、ミンストレル・ショーにオリジナル曲を提供した最初のヒット・メーカーであり、「草競馬」「オー、スザンナ」「わが懐かしのケンタッキー・ハウス」などの楽曲は古典となっている。

ミンストレル・ショーは1850年代から70年代にかけて最盛期を迎え、その後もアル・ジョルソンら著名な芸人が輩出した。白人が臆面もなく黒人に扮し、その身体的特徴や所作や訛りを誇張して笑いを取る手法は、「ちびくろサンボ」も追放された今日では差別表現と批判されるだろうが、アメリカが生んだ独自の演芸として、ミュージカルの生成においては無視できない。また、ミンストレル・ショーがもっぱら黒人音楽を採り入れたことは、ミュージカルと音楽ジャンルとの相性を先駆的に具現したものであったと言える。

英国から伝わったバーレスクは、アメリカで独自の発展を遂げる。バーレスクは本来、格式高い劇や文学をもじり、滑稽化したパロディ劇を意味した。先に述べた中では、『乞食オペラ』は当時流行していたイタリア風オペラのパロディ、つまりバーレスクの部分を含んでいる。また、ギルバート＝サリヴァンの『軍艦ピナフォア』も、オペラの約束事を皮肉った点でバーレスクに数えられる。

19世紀半ばからアメリカで流行したバーレスクはその文学性を失い、タイツ姿の女性の豊満な身体を取り合わせた、風刺的な低喜劇を意味するようになった。やはり様々な演目から構成されたが、要はまず笑いやパロディを担うコメディアンにあり、次いで女性たちにあった。『白い仔鹿 The White Fawn』（1868年）が最盛期の代表作とされる。やがて、風刺の要素が退化する一方で、セクシーなショーの側面が肥大してゆき、20世紀初めには卑俗な大人の娯楽と化した。後述する『ジプシー』（1959年）で描かれるジプシー・ローズ・リーはこの時期のバーレスクのスターである。

ミュージック・ホールとヴォードヴィル

ロンドンで生まれたミュージック・ホールの起源は、はっきりしている。パブの経営者チャールズ・モートンが、テムズ川南岸の労働者居住区ランベスに大衆音楽の殿堂を創ろうと一念発起し、1852年に建てた収容人員千人を誇る娯楽施設「カンタベリ」がその嚆矢とされる。ちなみに、ロンドン・ミュージカル『ミー・アンド・マイ・ガール Me and My Girl』（1937年）は、貧民街ランベスに育った若者が伯爵家の跡取りとわかり、紳士教育を施される騒動を描くが、この1幕ラストで歌われる「ランベス・ウォーク」という賑やかで祝祭的なダンス・ナンバーには、ミュージック・ホール発祥の地へのオマージュが込められているのではないか。

ミュージック・ホールは当初、もっぱら酒を楽しむ場であり、オペラ曲や俗謡などの演し物は酒の肴に過ぎなかった。そのうちに自作を披露する歌い手（今で言うシンガー・ソングライター）や専門の作詞家・作曲家が登場し、さらに看板芸人の人気が入場者数を左右するようになる。つまり、スター・システムが形成されていった。さらに、1880年代に興行に対する法規制が緩和されたことで演し物が多様化し、歌やダンスのほか、手品や奇術、物真似、腹話術、力自慢、パントマイム、アクロバット、ドタバタ劇などのヴァラエティを見せる場へと進化していった。サーカスや水中ショーを見せる豪奢な施設まで建設された。こうした演し物は、それぞれに独立した寄席芸であり、もっぱら個人芸によって支えられていた。ミュージック・ホールは19世紀末にはロンドン市内に百五十以上の施設を備え、週に百万人もが訪れる巨大娯楽産業に成長する。

そのミュージック・ホールに相当するのが、米国のヴォードヴィルだ（ミュージック・ホールが施設を指すのに対して、ヴォードヴィルは演し物を指す。従って正確には、英国のヴァラエティに当たるのが米国のヴォードヴィルである）。16世紀フランスに始まり18世紀に大流行したヴォードヴィルは元々、歌やダンスが挿入される風俗喜劇を意味していた。だが、米国におけるヴォードヴィルは、歌やダンス、手品、漫談などを雑多に組み合わせたショーのことだ。代表的なメニューの例を挙げると、①アクロバットや動物芸②歌う姉妹や踊る兄弟③寸劇④目先の変わった演し物⑤スターによる見世物⑥コーラスやオーケストラを従えたビッグなショー⑦歌もしくは喜劇のスターによる十八番⑧バンドなどによる締め――といった構成だった。これも多くの芸人が入れ替わり立ち替わり登場する、個人芸の集積であった。

やがて、「ヴォードヴィルの父」と呼ばれるトニー・パスターが1881年、ニューヨークに開いた劇場で洗練されたショーを上演したのが大当たりし、以降ヴォードヴィルは1890年代から1920年頃にかけて最も人気の高い大衆演芸として繁栄を誇った。初期のミュージカルでは、ヴォードヴィル出身の俳優が多数活躍している。

レヴュー

一方、フランスで生まれたレヴューは、もともとは年の終わりに一年の出来事を回顧（レヴュー）する時事的な風刺劇を指した。やがて、歌とダンス、コント、スケッチなどを組み合わせ、豪華な装置や艶やかな衣装などの多彩なスペクタクルで観客を楽しませるショーの意味に転じる。20世紀初頭のパリのレヴューは日本の宝塚歌劇団の生成に影響を与えた。ブロードウェイで初のレヴューは1894年の『パッシング・ショー The Passing Show』である。さらに、パリのレヴューをヒントにして、歴史的プロデューサーであるフローレンツ・ジーグフェルド（1867－1932）が1907年から製作した『フォリーズ』のシリーズが大当たりした。大掛かりで美しい舞台装置と列居する女性ダンサーの脚線美が売り物の一つだった。

レヴューがヴォードヴィルと異なる点は、全体を統べるコンセプトがあったことで、ここに雑多な個人芸の寄せ集めから、統一されたスタイルへ変容する兆しがみられる。優れて洗練されたレヴューとして、アデールとフレッドのアステア姉弟が最後に共演した『バンド・ワゴン The Band Wagon』（1931年）が知られる。この作品も多くのスケッチで構成されているものの、音楽・脚本ともに作家性（一貫した作者の存在）がみられる。

このようにヨーロッパもしくは米国で生まれた芸能、すなわちバラッド・オペラ、オペレッタ、ミンストレル・ショー、バーレスク、ミュージック・ホール（ヴァラエティ）、ヴォードヴィル、レヴューなどの影響を諸々に受けて、ミュージカルというジャンルは形成されていった。これらのうち、バラッド・オペラとオペレッタは音楽劇であるが、それ以外はショーであったことが、ミュージカルの特徴を決定づけた。

音楽劇では一貫したストーリーが軸をなすのに対して、ショーでは独立した場面ごとの面白さが問われる。いわば相反する特質を抱える芸能が融合して、ミュージカルは形成されたのだ。つまり、全体の流れ（ストーリー）を重視するか、歌やダンスといった単独の場面（ショーアップ）を重視するか、その狭間でミュージカルはあらかじめ「分裂」を抱えてスタートしたと言える。そして、ミュージカル確立の歴史とは、この分裂を統合してゆく道のりでもあった。

2.

初期のミュージカル・コメディ

形容詞のはずなのに名詞扱いされている「ミュージカル」は元来、「ミュージカル・コメディ」の略語だ。19世紀終わりにロンドンの劇場で使われたのが最初とされる（異説あり）。やがてコメディの枠組みに収まらないシリアスなミュージカルが作られ出すと「ミュージカル・プレイ」と呼ばれたり、総称して「ミュージカル・シアター」なる言い方も出てきたりしたが、今日では単に「ミュージカル」という。その嚆矢からひもとくと――。

偶然の産物『黒い悪魔』

ブロードウェイで最初にロングランとなったミュージカル・コメディとして、記録に残っているのは『黒い悪魔 The Black Crook』（１８６６年）だ。「4幕17場のグランド・ロマンティック・マジカル・アンド・スペクタキュラー・ドラマ」と題されたこの舞台は、当時としては異例の４７５公演を達成した。内容は、ファウスト伝説に基づくメロドラマ。悪魔と契約を結び、人間の魂を一つ売り渡すごとに1年長生きできる権利を得た魔法使いの策略と破滅を描く。音楽は既成曲など多数の作曲家によるもので作家性はなく、台本も荒削りだった。だが、この舞台の呼び物は、百人からなる女性ダンサーたちの脚線美を誇るパフォーマンスであり、絢爛豪華な装置、あでやかな衣装、綾なすスペクタクルと共に、ミュージカル・コメディの特徴を方向づけた。

しかしながら、このミュージカルは偶然の産物だった。パリのバレエ団が百人のバレリーナを率いてニューヨーク公演をする予定だったが、その劇場が火災で焼けてしまった。行き場を失った彼女らを使って欲しい、と打診された劇場の支配人がそれを受諾し、すでに開催予定だった『黒い悪魔』に百人のダンサーを投入すべく台本を改訂させて、たまたまこの形が出来上がったのだった。

このロングラン記録を塗り替えたのが約20年後の『アドニス Adonis』（1884年）で、603回もの公演が行われた。一人の作曲家による2幕もののバーレスクだ。さらに1891年に初演された『中華街への旅 A Trip to Chinatown』が、この記録を更新した。サンフランシスコを舞台に恋の騒動を描く。おせっかいな未亡人の入れ知恵で二組の若いカップルが豪華なレストランでデートしたところ、彼らの庇護者である金持ちの商人と鉢合わせして一悶着が持ち上がる――といった筋立てで、奇しくも七十数年後にロングラン記録をつくる『ハロー、ドーリー！』と同工異曲のプロットになっている（同根の原作がある）。この作品で、ミュージカルから初めてヒット曲が3曲（「舞踏会のあとで」「ルーベンとシンシア」「バワリー」）生まれた。657回のロングランを重ね、これは19世紀末の時点で最多続演記録を保持した。

19世紀末、マンハッタンを横断する42丁目から北に劇場はなかった。現在は42丁目より北に劇場が集中しており、ブロードウェイの中心はやや北上したことになる。42丁目界隈は、ステーキ店が軒を並べていたわけではないが「テンダーロイン」と呼ばれ、猥雑なショーを見せる一大歓楽街を形成していた。そこから南に下ると、数ある劇場でミンストレル・ショー、ヴォードヴィル、そしてオペレッタが連日、客を集めていた。
劇場街の中心ができたのは1904年。それまでロングエーカー・スクエアと呼ばれていた、7番街と42丁目の交差点から4ブロックほどの広場は、そこにビルを構えた新聞社ニューヨーク・タイムズの名にちなんで「タイムズ・スクエア」と命名された。以来、100年以上にわたって、ブロードウェイの中心地として賑わっている。20世紀初頭、最も人気があったのは大衆的な演芸であるヴォードヴィルであったが、歴史に名を残す舞台はと言えば、次に述べる二つのジャンルがもっぱら輩出した。

アメリカン・オペレッタ

19世紀終盤から20世紀初頭にかけて、ヨーロッパから『フロロドーラ Florodora』（1899年ロンドン、1900年ブロードウェイ＝505公演）、『メリー・ウィドウ The Merry Widow』（1905年ウイーン、1907年ブロードウェイ＝416公演）などのオペレッタが数多く輸入された。とりわけ、バーナード・ショーの戯曲『武器と人』を原作とする、オスカー・シュトラウス作曲の『チョコレート兵士 The Chocolate Soldier』（1908年ウイーン、1909年ブロードウェイ＝295公演）は高い評判を呼んだ。この作品には、よく知られたワルツ「私のヒーロー」が含まれている。

こうした輸入オペレッタと並行して、アメリカ・オリジナルのオペレッタも作られるようになる。それらを担ったのが、ヴィクター・ハーバート、ルドルフ・フリムル、シグムンド・ロンバーグの3大オペレッタ作曲家である。ただし、三人とも生まれはヨーロッパだった。

ヴィクター・ハーバートはダブリン生まれ。ドイツで音楽を学んだのち、27歳で大西洋を渡る。彼はオッフェンバックと同じくチェロを演奏し、ウイーン・オペレッタの伝統を米国に持ち込んだ。劇中歌の「ジプシーのラヴ・ソング」が知られた『占い師 The Fortune Teller』（1898年）、著名な「おもちゃの行進曲」を含むファンタジー『おもちゃの国の子供たち Babes in Toyland』（1903年）で地歩を固めた。さらに『帽子屋のお嬢さん Mlle. Modiste』（1905年）、『赤い風車 The Red Mill』（1906年）、『いたずらマリエッタ Naughty Marietta』（1910年）、『恋人たち Sweethearts』（1913年）などのヒット作を生み出した。

興行的に最も成功した『赤い風車』（274公演）は、アメリカ人二人が旅先のオランダで金欠に陥り、喜劇的な状況を立ち回るといったストーリーで、冒険旅行は当時よく用いられた題材だった。だが、ハーバートの代表作と目されるのは『いたずらマリエッタ』（136公演）であり、1780年のニューオーリンズを舞台とする恋愛もの。本意でない結婚から逃げてきたマリエッタは、ニューオーリンズで海賊一味を追うディック船長と出会い、船長はマリエッタに一目惚れする。一方、マリエッタは総督の息子に惹かれるが、実は彼こそが海賊の首領であった。二人の間で揺れるマリエッタは、子供の頃から夢の中に断片的に浮かぶ歌「ああ！　人生の甘い神秘」をディック船長が完全に歌いきったことで、運命の人として彼を選ぶ。恋愛の決め手に歌そのものが活用されている。

ルドルフ・フリムルはプラハに生まれ、プラハ音楽院でドヴォルザークに師事した。代表作に『蛍 The Firefly』（1912年）、『ローズマリー Rose-Marie』（1924年）、『放浪の王者 The Vagabond King』（1925年）、『三銃士 The Three Musketeers』（1928年）などがある（ちなみに『放浪の王者』の主題歌「バガボンドの唄」は、日本においては別の歌詞がつけられて松竹キネマ蒲田撮影所の所歌となり、つかこうへい作の映画『蒲田行進曲』のテーマソングにも用いられている）。

最大のヒット『ローズマリー』は、557公演を記録した。物語の舞台はカナディアン・ロッキーで、プロデューサーがミュージカルの舞台として新しい地域を開拓しようと、作者たちをカナダのケベックに送り込んだ成果だ。異国情緒もミュージカルがさかんに取り入れた武器の一つだった。歌手のローズマリーと恋仲となった男に殺人の嫌疑がかかる、といったストーリーで、ロマンティックな恋愛ものに殺人事件を織り込んだ点が斬新だった。「インディアン・ラヴ・コール」が有名なナンバーとなった。

シグムンド・ロンバーグはハンガリー生まれ。膨大なオペラや歌曲の楽譜をファイリングし、解析することで自作の創作に生かした。ウイーンのオペレッタ『楽園の一日』を原作とする『青い楽園 The Blue Paradise』（1915年）で名が知られるようになる。さらに1917年の『5月の頃 Maytime』の成功により、オペレッタ作曲家としてハーバートの後継者たる地位を確立した。多作で知られ、『ハイデルベルクの学生王子 The Student Prince in Heidelberg』（1924年）、『砂漠の歌 The Desert Song』（1926年）、『ニュームーン The New Moon』（1928年）などヒット作も多い。

『花咲く頃 Blossom Time』（1921年、516公演）はフランツ・シューベルトの曲を使って彼の伝記劇に仕立てたもので、クラシック音楽を借用した最初のブロードウェイ・ミュージカルである。『ハイデルベルクの学生王子』はドイツの戯曲『懐かしのハイデルベルク』を原作に、留学中の王子の恋とその喪失を描き、1920年代のミュージカルでは最多となる608回のロングランを記録した。なんといっても、美しい劇中歌「セレナーデ」の魅力が大きく、今日も歌われるスタンダード・ナンバーとなっている。さらに、最高傑作と言われるのが『砂漠の歌』（471公演）。フランス統治下のモロッコにおけるリフ族の反乱に材を取り、恋愛がらみの誘拐事件が展開する。作詞は、のちに大活躍するオットー・ハーバックとオスカー・ハマースタイン2世。

20世紀初頭においては、オペレッタに限らずミュージカルは作曲家が中心となって作られていた。その後ジャズが台頭し、その影響を受けた作曲家（アーヴィング・バーリン、ジョージ・ガーシュイン、ジェローム・カーン、リチャード・ロジャースら）が活躍する1920年代頃まで、こうした傾向は続いた。興行が終われば、楽曲だけが残る——そう考えられていた時代だった。

華やかなレヴュー

19世紀終盤、舞台に抜本的な変化を促した要因に、照明技術の進歩がある。それまで舞台を照らしていたガス灯は、劇場という閉鎖空間にあって膨大な酸素を消費して二酸化炭素を排出したため、歌や芝居がひどくなくとも観客はしばしば頭痛に見舞われた。ガス灯に代えて電灯による照明実験が初めて行われたのは1883年、ウイーンの宮廷歌劇場においてであったが、電灯照明は別の問題を出来《しゅったい》させた。電気による照明は明る過ぎて、書き割り風景のみすぼらしさを露呈させたのだ。安っぽい絵や使い古された舞台装置は電灯の照明に耐えられず、イリュージョンは幻滅と化した。そこで、リアルで立体的な舞台建造物や遠近法を利用した美術装置が作られるようになった。さらに照明は、設《しつら》えられた風景を照らすのみならず、風景そのものを作り出すようになる。こうした技術改革を背景に、20世紀初頭の、あでやかなスペクタクルを売り物とするショーが発達した。

とりわけ脚光を浴びたのは、華やかなレヴューである。その代表格が、大興行師として名を馳せたフローレンツ・ジーグフェルドが手掛けた『フォリーズ』のシリーズだ。「フォリーズ」とは愚行、ばかげた出来事の意で、新聞のコラム「今日のフォリーズ」に由来する。1907年から31年にかけてほぼ毎年1作、計21本ものレヴューが作られた。当初は単に『1907年版フォリーズ Follies of 1907』と称していたが、1911年からは名を冠して『ジーグフェルド・フォリーズ』と題された。これがアメリカ型レヴューのモデルとなった。『フォリーズ』は元々、フランスのレヴュー「フォリー・ベルジェール」を模したものだった。社会・政治への風刺を込めた一連のスケッチの傍ら、一枚の絵のような美しい舞台セットと豪奢な衣装をまとったダンス・ガールたちによるスペクタクルを展開するショーだが、作品ごとに一定のコンセプトはあった。例えば『1907年版』（ハリー・B・スミスのスケッチ台本）においては、インディアン酋長の娘ポカホンタスの逸話を現代に移し換えた設定となっている。『ジーグフェルド・フォリーズ』シリーズの中で代表的な舞台は、ジョゼフ・アーバンによるアール・ヌーヴォー調の美術が目を奪った『1915年版』、第一次世界大戦をテーマとした、多くの作詞・作曲家による『1918年版』、アーヴィング・バーリンが作曲した「美女はメロディー」が受け、シリーズ最高傑作とも謳われる『1919年版』、コメディエンヌのファニー・ブライスら豪華メンバーが揃った『1921年版』、シリーズ最多の541公演を記録した『1922年版』などが挙げられる。

さらに次のようなレヴューが相次いで作られ、劇場街を賑わせた。これらのショーに、ミュージカル史に名を刻む作曲家が曲を寄せていたことは注目に値する。

1894年に初演された『パッシング・ショー』（前述）とは別ものの『パッシング・ショー The Passing Show』は、『ジーグフェルド・フォリーズ』のヒットに触発されてシューバート兄弟が作ったレヴューで、1912年から24年まで12本がシリーズ化された。大劇場主・プロデューサーとなる兄弟はジーグフェルドに対抗すべく、巨大な劇場を建てて八十人ものコーラス・ガールを投入した。名優マリリン・ミラーが出演した『14年版』、ブロードウェイ・デビューしたばかりのアデール&フレッド・アステア姉弟が出演した『18年版』などが好評を博した。

『ジョージ・ホワイトのスキャンダルズ George White's Scandals』は1919年から21年間にわたって計13本が上演された。ダンサーでもあったジョージ・ホワイトは製作のほか、演出・振付も担った。このシリーズの特徴は、流行のステップを機敏に採り入れた点と、若々しくスピーディなステージングにあった。毎回、すべての楽曲を一人の作曲家・作詞家が書き、ジョージ・ガーシュインは1920年から24年まで続けて担当した。『1922年版』の「楽園への階段を作ろう」が彼の最初のブロードウェイ・ヒット曲となる。また、ガーシュインの「ラプソディ・イン・ブルー」(なんと歌詞があった!)が挿入された『26年版』と、エセル・マーマンが「人生は一籠のサクランボ」を歌った『31年版』が高い評価を得た。

『アール・キャロルのヴァニティーズ Earl Carroll's Vanities』シリーズは1923年から11本が上演された。「ヴァニティーズ(無意味なもの)」は、「フォリーズ(ばかげたもの)」の向こうを張ったネーミングだ。他のレヴューに比べてお色気の度合いが高く、楽屋の入り口には「世界最高の美女のみ通す」との掲示があったという。三千人を収容する大劇場の柿落《こけら》しとなった『1931年版』がことに知られる。

他にも、若い芸術家の街をモチーフにした『グリニッジ・ヴィレッジ・フォリーズ The Greenwich Village Follies』(1919年から8本)、アーヴィング・バーリンが作曲を担当した『ミュージック・ボックス・レヴュー Music Box Revue』（1921年から4本）のシリーズがあり、レヴューはショーの典型となった。

こうしたレヴューの流行もあって、おおむね1920年頃までのミュージカルにおいては、台本は副次的な地位に甘んじていた。ストーリーは所詮、歌手やダンサー、ヴォードヴィリアンらが活躍する見せ場のための他愛ない枠組みに過ぎなかった。初期のミュージカルにおいては、明らかにストーリーよりショーが優っていた。台本が重視されるようになるまでには、いささかの時間を要したのだ。

シンデレラ・ストーリー

ミュージカル初期の傑出した才能として、ヴォードヴィルで頭角を現したジョージ・M・コーハン（1878―1942）の名を挙げねばならない。彼は歌って踊れる最初の俳優として人気を博したのみならず、作曲家、作詞家、脚本家、演出家そして興行師と、一人ですべてをこなした。『小さなジョニー・ジョーンズ Little Johnny Jones』（1904年）のヒットを始め、『ブロードウェイから45分 Forty-five Minutes from Broadway』（1906年）など計21本のミュージカルを手掛けた。没年には彼の伝記映画『ヤンキー・ドゥードゥル・ダンディ』が製作されている。コーハンは「ブロードウェイの父」と呼ばれ、現在、劇場街の中心タイムズ・スクエアに、その銅像が立つ。

物語性の高い初期のミュージカル・コメディにおいて、王道とされた物語パターンは、シンデレラ・ストーリーだった。貧しい女性が意欲と幸運から玉の輿に乗る、といったストーリーは、アメリカン・ドリームの体現と映った。シンデレラ・ストーリーは、前述の『帽子屋のお嬢さん』や『蛍』を始め、『アイリーン Irene』（1919年）、『サリー Sally』（1920年）、『メアリー Mary』（同年）、『サニー Sunny』（1925年）など、枚挙に遑《いとま》がない。とりわけ、『アイリーン』は675回のロングランを重ね、上演回数の新記録を樹立した。家具屋に勤める貧しい娘アイリーンがファッション・モデルになり、さらにロングアイランドに邸宅を構えるハンサムな億万長者と結ばれるまでの波乱に富んだ物語。ミュージカル・ナンバーの「アリスの青いガウン」「夢の城」がヒットした。1940年に映画化。

もう一つの定石として、出会った男女が混乱や反目を経て結ばれる「ボーイ・ミーツ・ガール」もの、という年すらあった。新作がすべて「ボーイ・ミーツ・ガール」ものがある。

3.

ジャズの時代

スコット・フィッツジェラルドのデビュー小説『楽園のこちら側』(1920年)の刊行は、「ローリング・トウェンティ(狂騒の20年代)」幕開けの象徴だ。第一次世界大戦の終結後、空前の好景気に沸いたアメリカでは、若者たちは自由奔放な新しい風俗を謳歌した。ジャズやダンス・パーティーが流行してナイトクラブが競って作られ、ショート・ヘアで膝丈の短いスカートに身を包んだニュー・ファッションの女性たちが街を闊歩した。1920年に施行された禁酒法は、人々を素面《しらふ》に留めおくにはおよそ役に立たず、もぐり酒場の繁昌を助長しただけだった。劇場街をなす42~55丁目にかけては、3200軒もの闇酒場があったと言われる。法や言論に対する不信感が高まった一方で、人間の感性が解き放たれた時代だった。フィッツジェラルドが1922年に刊行した短編集のタイトルに冠したように、それは輝かしい「ジャズ・エイジ」の到来だったのだ。

ミュージカルは、その時々に流行した最先端の音楽を採り入れることで絶えず活性化を図ってきた。はやり歌とミュージカルは密接不可分な関係にある。テレビが普及する時期までは、ミュージカル・シアターは流行歌の豊潤な供給源であった。ミュージカルが様式的に確立された1920年代が、奇しくもジャズの流行と重なったことは歴史的に意義深い。黒人発祥の音楽ジャズは新時代の鼓動を刻み、ミュージカル音楽の基調をなした。

ラグタイムからジャズへ

ジャズの前身となる音楽「ラグタイム」は、19世紀終盤から黒人作曲家スコット・ジョプリンらが作曲し、黒人のミュージシャンによってナイトクラブなどで演奏されていた。シンコペーションの多用と、従来の音楽とはズレたリズム（裏拍）に特徴がある。これが全国的に認知されたのは1911年、アーヴィング・バーリン（1888－1989）が作曲した「アレキサンダーズ・ラグタイム・バンド」の大流行からだ。これにより、にわかに市民権を得たラグタイムは、黒人ミュージシャンらの手によってジャズへと変質を遂げていった。

バーリンは4歳の時に両親に率いられてロシアからニューヨークへと渡ってきた移民。父親が亡くなってからは新聞配達などの仕事を始め、酒場で歌うウェイターを勤めるうちに天賦の才を発揮するようになる。彼の最初の曲が出版されたのは17歳の時だった。

バーリンはレヴュー『足元にご注意 Watch Your Step』（1914年）で初めてミュージカルにラグタイムを導入したほか、前章で触れた多くのレヴューに楽曲を提供した。初期に手掛けたミュージカル・コメディは、マルクス兄弟が主演した『ココナッツ The Cocoanuts』（1925年）の1作のみで、ストーリー性のあるミュージカルを書くようになるまではしばらく時間を要した。

また、世界初のトーキー映画となった『ジャズ・シンガー』（1927年）の音楽も手掛け、ミンストレル・ショー出身の人気スター、アル・ジョルスンが歌った「ブルー・スカイ」のヒットを生んだ。

一方で、ジャズの担い手であった黒人によるミュージカルも作られた。1921年に初演された『シャッフルで行こう Shuffle Along』（484公演）は、黒人奴隷の息子であるユービー・ブレイクが作曲し、脚本・演出・出演もすべて黒人の手による初のミュージカルとなった。劇中2曲目のバラード「愛が道を拓く」が知られる。

5大作曲家

このジャズ隆盛期に、初期のミュージカル界を牽引した5大作曲家が出揃う。前述のアーヴィング・バーリンに加え、ジェローム・カーン、ジョージ・ガーシュイン、リチャード・ロジャース、コール・ポーターの五人である。彼らの音楽はいずれもジャズの影響を多分に受けている。

ジェローム・カーン（1885－1945）はニューヨーク生まれ。ドイツ系移民の裕福な家庭に育ったカーンは十代の初めにドイツのハイデルベルク音楽院に留学し、1902年に17歳の若さで作曲家デビューを果たした。1904年にはロンドンに渡り、ヨーロッパの音楽劇から多くの養分を吸収した。こうした経験もあって、カーンの音楽はオペレッタの壮麗さとジャズの軽快さ、双方のテイストを兼ね備えている。

1913年にロンドンで初演された『ユタから来た娘 The Girl from Utah』がその翌年にブロードウェイで上演される際、これをアメリカ人向きに潤色するため、カーンが8曲を書き加えることになった。『マイ・フェア・レディ』の作詞者アラン・ジェイ・ラーナーは、この中の1曲

「みんな信じなかった」が新たなショー音楽の典型となった、と述べている。綺麗なメロディラインをジャズのリズムが裏打ちする好ナンバーだ。このミュージカルはカーンが作曲した6番目の作品に当たるが、「みんな信じなかった」は彼の最初のヒット曲となった。

カーンはその後、興行不振にあえいでいたプリンセス劇場の起死回生を図るべく企画された、小規模な「プリンセス劇場ミュージカル」のシリーズを手掛ける。英国育ちの脚本家のガイ・ボルトンとコンビを組み、『お人好しエディ Very Good Eddie』（1915年）、『オー、ボーイ！ Oh, Boy!』（1917年）、『ジェインにおまかせ Leave It to Jane』（同）、『オー、レディ！レディ!! Oh, Lady! Lady!!』（1918年）の4本のヒット作を生んだ。1917年からは、ユーモア小説『ジーヴス』シリーズで知られる英国出身のP・G・ウッドハウスが作詞・脚本に加わっている。

この中で最も興行成績がよかった『オー、ボーイ！』（463公演）は、駆け落ちしたカップルが連鎖的な混乱に遭遇する喜劇で、楽曲の「雲流るるままに」がよく知られる。この曲名は、カーンの半生をつづった伝記映画（1946年）のタイトルにもなっている。

続いてカーンは、ダンサーを目指す若い女性のシンデレラ・ストーリー『サリー Sally』（1920年、561公演）をヒットさせる。主演した人気女優マリリン・ミラーの、ダンサーとしての才をフィーチャーする企図だった。貧しい皿洗いのサリーが金持ちの歌手と結ばれ、レヴューに出演するまでを描く。題名・内容ともにその二番煎じを狙った『サニー Sunny』（1925年、517公演）も当たった。これにはカーン初期の代表曲「誰？」が含まれている。

なおこの時代に、女性の名前を冠したヒット作が多いのは、女性が開放的になった世相を反映している。髪もスカートの丈も短くし、酒もタバコも嗜む新世代の女性たちはフラッパーと呼ばれた。彼女らが夢中になったダンス、チャールストンは大流行する（なお、この時期の風俗を背景にした、後年のシンデレラ・ストーリーに『モダン・ミリー』＝２００２年＝がある）。

ガーシュイン兄弟の登場

さらに、前章でも触れた天才作曲家、ジョージ・ガーシュイン（１８９８－１９３７）が活躍する。ユダヤ系ロシア移民の息子としてニューヨークに生まれた。十代後半から楽譜出版社が軒を並べるティン・パン・アレーで、新曲をピアノでデモンストレーション演奏するソング・プラッガーとして働き、やがて作曲家として頭角を現していった。１９２０年にアル・ジョルソンが歌った「スワニー」が出世作となり、それも２００万枚を超える大ヒットを記録した。

当初、ジョージ・ガーシュインはバーリンと同様にもっぱらレヴューに楽曲を寄せていたが、『レディ、ビー・グッド！ Lady, Be Good!』（１９２４年）で兄の作詞家アイラ・ガーシュインと初めてコンビを組み、リズミカルなジャズ・サウンドで彩るミュージカルのスタイルを固めた。この作品は、アデールとフレッドのアステア姉弟の出世作となった。

ガーシュイン兄弟はその後、『オー、ケイ！ Oh, Kay!』（１９２６年、２５６公演）、『ファニー・フェイス Funny Face』（１９２７年、２４４公演）などのスマッシュ・ヒットを立て続けに放った。とりわけ『ガール・クレイジー Girl Crazy』（１９３０年、２７２公演）は、アリゾナに行かされた金持ちの息子が観光牧場を作る陽気なコメディで、ブロードウェイ・デビューを果たしたエセル・マーマンが歌った「アイ・ガット・リズム」のほか、「抱きしめたいあなた」「バット・ナット・フォー・ミー」といったスタンダード・ナンバーを生んだ。1990年代にリメイク・改題され、今日でもよく知られた作品となっている（13章で後述）。

ロジャースとハートの作曲・作詞コンビ

1919年の春、若き作曲家リチャード・ロジャース（1902−1979）と作詞家ロレンツ・ハート（1895−1943）が出会い、初めて共同作業を行った（『みすぼらしいリッツの少女 Poor Little Ritz Girl』）。ロジャースもハートも、ユダヤ系移民の子でニューヨーク生まれ。ロジャースは後年、オスカー・ハマースタイン2世と組んで以降、作風がかなり変わったが、初期のロジャースはジャズ風の音楽を手掛け、それにハートは都会風の粋な歌詞をつけていた。

二人がプロとしてコンビを確立したのは、レヴュー『ギャリック・ゲイエティーズ Garrick Gaieties』（1925年、211公演）からで、ナンバーの「マンハッタン」は彼らの最初のヒット曲となった。ハートの機智に富んだ歌詞が評価され、作詞の役割が重んじられるようになる。続いて、アメリカ独立戦争に材を取った『最愛の敵 Dearest Enemy』（1925年、286公演）や、結婚式を控えた新郎が気絶してアーサー王伝説の世界をさまよう『コネチカット・ヤンキー A Connecticut Yankee』（1927年、421公演）などのヒット作を放つ。後者には著名なナンバー

「ハートが立ち往生」「あなたは素敵」が含まれている。作品こそヒットしなかったが『春はここにSpring is here』（1929年、104公演）の中で歌われた「わが心に歌えば」もよく知られる。また、1934年の映画で使われた「ブルー・ムーン」は、多くの歌手がカヴァーを出すヒット曲となった。二人は、ハートが亡くなる1943年まで26本のミュージカルを生み出した。

コール・ポーター（1891―1964）はインディアナ州の資産家に生まれ、ニューイングランドのエリート高校を経てイェール大学に通った。その後、祖父の勧めでハーヴァード大学の法科に進んだが、1年後にはハーヴァード音楽大学に転部した。米国が第一次世界大戦に参戦した1917年、パリの空軍に配属され、そこで知り合ったエレガントで裕福な女性リンダと2年後に結婚する。夫婦はパリの社交場やヴェネツィアの別荘で友人たちを連日パーティーに招く豪奢な生活を送る傍ら、ポーターは作曲に精を出し、『パリ Paris』（1928年）で頭角を現した。だが、彼が代表作を手掛けるのは、もう少し後のことになる。

1920年代で最も有名なミュージカルは（次章で述べる歴史的な名作を別にすれば）、ヴィンセント・ユーマンズ作曲の『ノー、ノー、ナネット No, No, Nanette』（1925年、321公演）と言われ、欧米各地で上演された。主人公のナネットは流行りのフラッパー・ガールで、その父親は聖書出版業を営む。父娘がアトランティック・シティのコッテージに滞在中、父が経済的支援をしている美女三人やナネットの婚約者らが期せずして訪れ、おせっかいなメイドも巻き込んで節操ない騒ぎに発展する。名曲「二人でお茶を Tea for Two」を含み、「しあわせになりたい」と共にスタンダード・ナンバーとなっている。

これが初演された1925年9月、一週間と置かずして、歴史的に意義ある作品（いずれも前述）が立て続けに4本も開幕したことは特筆に値する。

- 9月16日『ノー、ノー、ナネット』。
- 9月18日『最愛の敵』。ロジャースとハートによる初のミュージカル・コメディ。
- 9月21日『放浪の王者』。フリムル作曲による代表的なアメリカン・オペレッタ。
- 9月22日『サニー』。ジェローム・カーンとオスカー・ハマースタイン2世の初の共作。

この最後に挙げた新たなコンビが、ミュージカルに新時代を拓くことになる。

4.

金字塔
『ショー・ボート』

それは1927年12月27日の夜に、ブロードウェイのジーグフェルド劇場で起きた。ミシシッピ河に浮かぶ劇場船「ショー・ボート」がアメリカ南部の町ナチェズに碇泊する。黒人の荷役人らが綿花出荷作業の辛さを歌う傍ら、町の人々はたまの娯楽の到来に歓喜する。——『ショー・ボート』のオープニング・シーンは、ミュージカルに新しい時代が到来したことを象徴的に告げている。この画期的な作品は悠然たる大河に抱かれて、まさに劇場ごと観客の前に姿を現したのだ。

40年に及ぶ深い物語

ジェローム・カーン作曲、オスカー・ハマースタイン2世作詞・台本による『ショー・ボート』は、劇場船「コットン・ブラッサム号」で働く芸人らの人間模様を重層的に描き上げたものだ。そのドラマはなんと40年の長きに及び、結婚生活の破綻、賭博者の流浪、人種差別、黒人の労働などシリアスな現実を盛り込んでいる。従来のミュージカル・コメディであれば、主人公の結婚でハッピーエンドとなるところだが、本作では結婚後も延々と続く人生の流転が息長く綴られてゆく。ミュージカルがこれほど深い物語を紡ぐことができるとは、それまで誰も考えていなかった。製作者フローレンツ・ジーグフェルドの秘書によれば、ブロードウェイ公演の初日、カーテンコールもなく喝采も起きず、ロビーでも観客は無言であった。だが決して不評ではなかっ

『ショー・ボート』初演舞台（1927年）。舞台奥が劇場船「コットン・ブラッサム号」

た。新奇なものに対して人々は反応できなかったのだ。

『ショー・ボート』は、女性作家エドナ・ファーバーの同名小説（１９２６年）を原作とする。この小説に着眼したのは台本のハマースタインではなく、作曲のカーンの方だった。出版されたばかりのこの小説の内容とタイトルに惚れこんだカーンは26年10月、知り合いの評論家の紹介で作者のファーバーに接触し、ミュージカル化を持ち掛けた。しかし、彼女は当初、その申し出に躊躇を示した。ストーリーが40年にも及ぶ上、白人と黒人の異人種結婚、アルコール中毒、賭博癖のある夫の蒸発などを扱っているため、軽くて楽しいミュージカルの規格から逸脱しているのではないかと懸念したのだ。しかしカーンは、当時31歳だった新鋭作詞家ハマースタインならば、必ずやうまく脚本化できると確信していた。

この作品がいかに画期的だったかは、当時の状況をみればよくわかる。すでに見てきたように、その頃もっぱら上演されていたのは、（1）ヨーロッパ発もしくはアメリカ・オリジナルのオペレッタ、（2）一貫したストーリーのないレヴューもしくはヴォードヴィル、（3）軽くて他愛のないミュージカル・コメディ、に大別される。当時のロングラン記録3傑は以下の通りだ。

◇1910年代

①『アイリーン』（1919年）675公演。ミュージカル・コメディ。シンデレラ・ストーリー。

②『5月の頃』（1917年）492公演。オペレッタ。純愛ロマン。

③『オー、ボーイ！』（1917年）463公演。ミュージカル・コメディ。結婚をめぐるドタバタ喜劇。カーン作曲。

◇1920年代

①『ハイデルベルクの学生王子』（1924年）608公演。オペレッタ。貴種流離譚。

②**『ショー・ボート』**（1927年）572公演。

③『サリー』（1920年）561公演。ミュージカル・コメディ。シンデレラ・ストーリー。カーン作曲。

このリストがもう一つ語るのは、カーンはその頃既に『オー、ボーイ!』や『サリー』などの軽やかなヒット作を放ち、売れっ子作曲家の地位を築いていたということだ。前章で触れたように、『サリー』の続編といえる『サニー』(1925年)ではハマースタインと初の共作をし、これも517回のロングランを果たしている。にもかかわらず、カーンは、もっと思い切ったことに挑みたいと野心を募らせていた。軽薄なミュージカル・コメディとも大仰なオペレッタとも異なる新しい何かができないか、とカーンとハマースタインはまさに話し合っていたところだった。こうして、ロマンティックでありながら骨太のストーリー、多彩な登場人物、ノスタルジックな地方色を備える成熟したミュージカルが誕生したのだ。

黒人差別を問う社会性

では、その内容を見てみよう。『ショー・ボート』には五組の男女が登場するが、そのうち三組が主な楽曲と共にストーリーを運ぶ。

まず、アンディ船長の娘マグノリアは、流れ者の賭博師ゲイロード・ラヴェナルと一目で恋に落ちる。二人は、ある事情から主演俳優が不在となった劇場船の主演男優・女優を担い、まもなく結婚する。やがてキムという名の娘をもうけてシカゴに移り住むが、賭博で身を立てていたゲイロードの強運がいつまでも続くはずがない。破産したゲイロードは、娘のためにわずかばかりの学費を置いてマグノリアの許を去る。その後、マグノリアの転身を経て、娘のキムがブロードウェイのスターとなるまで、親子三代のドラマが紡がれる。

二組目のカップル、看板俳優のスティーヴとその妻で主演女優のジュリーは悲劇的な脇筋を担う。ジュリーは外見こそ白人に見えるが実は黒人の血を引いており、白人の男と黒人の女との結婚を禁じた州法違反の容疑で保安官が捜査に来る。スティーヴの機知でその場は切り抜けるものの、夫婦は下船して荒んだ放浪生活を余儀なくされる。ここに黒人差別を問う社会的テーマが織り込まれている点も革新的だった。

三組目は一座の脇役フランクとエリー。1幕ではフランクはエリーに言い寄っては振られてばかりいたが、2幕では二人は結婚してヴォードヴィル芸人になっており、落ちぶれたマグノリアと再会する。この三枚目カップルは軽快でアップテンポの楽曲を歌い、要所でジュリーやマグノリアを助ける役目を果たす。他の二組とは対照的な喜劇性をもたらして、群像を分厚くしている。

この壮大な物語を彩るカーンの音楽は、ストーリーとの一体性が高い。まず、主役のマグノリアとゲイロードの主役カップルが歌う楽曲はロマンティックで甘美。出会ったばかりの二人がデュエットする「メイク・ビリーヴ」は「フリをする」の意で、ゲイロードが〈恋に落ちたフリをしてみよう〉と持ち掛け、想像のゲームとして恋人同士を装う歌だ。あくまで「ごっこ」だから、初対面でいきなり愛を語ってもさほど奇異ではない。ハマースタインは従来のありきたりなラヴ・デュエットのパターンを刷新すべく、出会ったばかりの二人を自然に結びつける独自のアイデアを盛り込んだのだ。こうした工夫は、のちの彼の作品にも見いだせる。

実はこの曲の前、ゲイロードがマグノリアに会う直前に歩きながら歌う「運命の人はどこに」にも周到な仕掛けが施されている。この曲は出だしのAメロと間奏を挟んでのBメロからなるが、この間奏部分はマグノリアが船内で弾くピアノのメロディになっている。そのピアノの旋律と、直後にゲイロードが歌うBメロの旋律は酷似している（ほぼパラレルな音型）。カーンは楽譜の間奏部分に「（ゲイロード）ラヴェナルが聴く」という、演奏には関係しない指示を書き加えてあり、この酷似は意図的なものである。つまり、ゲイロードは会う前から無意識にマグノリアのピアノの影響を受けている。すなわち会う前から二人は運命的に交感していることを音楽で表現しているのだ。

1幕の終わりに二人がデュエットする「ユー・アー・ラヴ」はオペレッタ的なラヴ・ソングで華麗なメロディラインを持つ。2幕初めのデュエット曲「ホワイ・ドゥ・アイ・ラヴ・ユー？」は多くのカヴァーを生んだ有名なナンバーだ。2幕後半、ナイトクラブの歌手としてデビューしたマグノリアが父親と久々の再会を果たした場面で歌う既成曲「舞踏会のあとで」（チャールズ・K・ハリス作曲）もメロディアスな佳曲で、涙の再会をフィーチャーする。この歌は、19世紀末の時点で最長ロングラン記録を保持していた『中華街への旅』（1891年）でも挿入されており、歴史的な作品に二度も使われた稀有なナンバーとなった。

音楽そのものが出自を表現

二組目の歌では、前半にジュリーらが歌う「愛さずにいられない」が、リズミカルで秀逸なナンバー。これを聴いた黒人炊事婦のクイーニーが〈なぜ、その歌を知っている？　黒人の歌なのに〉と問う。この曲は黒人発祥のジャズと同様にアフタービート（2拍目と4拍目にアクセント）になっており、音楽がジュリーのルーツを示唆する役割を果たしている。

後半、今やスティーヴと別れて酒浸りの日々を送っているジュリーが、出演していたナイトクラブのリハーサルで歌う「ビル」は美しいバラード。この歌は本来『オー、レディ！レディ!!』（1918年）のために書かれた曲だったが使用されず、『ショー・ボート』で日の目を見た。この曲と「愛さずにいられない」をカップリングしたレコード（ヘレン・モーガン歌）が、このミュージカルからの最初のヒット曲となった。

なお、ジュリーが「ビル」を歌った直後に、クラブに求職に来たマグノリアがテストで「愛さずにいられない」を歌う場面がある。これを楽屋で聴いたジュリーは無言で職場を去り、自分の後釜にマグノリアを採用するよう伝言を残す。劇場船での主演女優の座に続き、ジュリーはマグノリアに二度、「役」を譲ることになるのだ。この宿命の反復を、音楽を利用して表現する趣向が巧みだ。

三組目のカップルでは、エリーが歌う「いかがわしい役者の暮らし」が皮肉の利いたテンポのよい好ナンバーだ。エリーはフランクとのデュエットを含め計3曲を歌い、彼女の歌の比重は意外と高い。

だが、なんと言っても屈指の名曲は、黒人水夫ジョーの歌う「オールマン・リヴァー」だ。辛い労働に従事する苦悩を、悠久の時を刻むミシシッピ河のもの言わぬ叡智に託して朗々と歌い上げる。プロットには関係しないが、この曲があることによって物語の背景に奥行きがもたらされ、悠久の視点を喚起して深い精神性を付与している。

このヴァースの旋律は、劇の冒頭で合唱される「コットン・ブラッサム号」のヴァースと、リズムこそ異なるもののまったく同一であり、黒人の労働のモチーフと解釈できる。カーンはオペレッタの影響を多大に受けており、ワーグナーの「ライト・モチーフ」に端を発するモチーフの活用をここで採り入れている。しかしながら、旋律がテーマや人物、事象を意味する回想モチーフの手法はその後、ミュージカルの歌においては余り散見されなくなる。おそらくは1920年代以降、ミュージカルがヒット曲の一大供給源となったため、ドラマ的な伏線よりも単独でヒットする曲づくりへと傾斜していったのではないか。このモチーフの活用は1970年代になって復活することになる。

深い物語性と流麗な音楽、そしてシリアスな社会性を盛り込んだことで、『ショー・ボート』はミュージカル史における「金字塔」と呼ばれる。この「劇場船」のにわかな出現により、台本の重要性が認識され、ミュージカルは物語性・社会性重視へと大きく舵を切ったのである。

ジェローム・カーンその後

カーンはその後、ブロードウェイ・スター女優の恋愛をつづる『かわいいアデライン Sweet Adeline』（1929年）を経て、現代のブリュッセルを舞台にしたオペレッタ『猫とヴァイオリン The Cat and the Fiddle』（1931年）を発表した。作詞・台本はオットー・ハーバック。ルーマニア人のオペラ作曲家とアメリカ人の女性ポピュラー作曲家との出会いを描くボーイ・ミーツ・ガールもの。「夜は恋のためにある」「イエスとは言わなかった」「ワン・モーメント・アローン」などの楽曲が美しく、アンダースコアを活用してドラマと音楽の一体化を図っている。395公演。

続く『音楽は空の彼方に Music in the Air』（1932年）で再び、ハマースタインと組む。ドイツの小さな町とミュンヘンを舞台とする、オペレッタについてのオペレッタ風作品。物語はいささか古風だが、「小さな星みんなに話した」「歌はあなた」などを含む音楽はカーンの中でも高い評判を呼んだ。342公演。

1933年初演の『ロバータ Roberta』はパリのブティックを舞台にした恋愛メルヘン。歌とプロットの一体性は希薄になったが、「煙が目にしみる」と「イエスタデイズ」の名曲二つを含む。とりわけ「煙が目にしみる」は「オールマン・リヴァー」と並ぶカーンの代表曲として、時が経ても色褪せることのない不朽の名曲として愛聴されている。295公演。

カーンはその後、ハリウッドに移り、映画音楽に専心するようになる。フレッド・アステアとジンジャー・ロジャースが主演した名高いミュージカル映画『有頂天時代』（1936年）の挿入歌「今宵の君は」は、アカデミー賞主題歌賞を受賞した。

5.

大恐慌の影響

バンドを打ち鳴らせ
我、汝を歌う
ケーキを食べさせよう
フェイス・ザ・ミュージック
幾千の喝采を浴びて
ルイジアナ商会
ニューヨーカーズ
エニシング・ゴーズ
やっぱり正しくありたい
ポーギーとベス
オン・ユア・トウズ
ベイブズ・イン・アームズ
パル・ジョーイ

1929年10月24日、ニューヨーク・ウォール街の証券取引所で株価が大暴落。またたく間に世界中に波及して、大恐慌（世界恐慌）が起きた。米国では銀行が次々と倒産し、一千万人を超える失業者が街にあふれた。この大恐慌はショー・ビジネスにも影響を与えた。興行自体はなんとか続けられたが、その内容に少なからず影響を及ぼしたのである。

まずは大恐慌以降、オペレッタが衰退したことだ。1930年代には、前章で触れたジェローム・カーン作曲のわずかな例外を除いては、オペレッタは観客に見向きもされなくなった。浮世離れした題材が多い悠長なオペレッタは、深刻な社会情勢の中で時流にそぐわなくなったのだ。

その一方で、豪華なレヴューは花盛りを迎えた。世知辛い時世にあって、現実の憂さを忘れさせてくれる一時《いっとき》の愉楽としてレヴューは人気を集めた。前述の『ジーグフェルド・フォリーズ』『アール・キャロルのヴァニティーズ』『ジョージ・ホワイトのスキャンダルズ』のシリーズは、1930年代にも代表作を生んでいる。新たにシューバート兄弟が製作したウィンター・ガーデン劇場のレヴュー・シリーズでは、『人生は8時40分から Life Begins at 8:40』（1934年）などの佳作が生み出された。

しかし、さらに重要なのは、辛辣な政治風刺や社会批判を盛ったミュージカルが相次いで作られたことだ。興行界は不況をバネにして、逆に創作の題材を拡大したのだ。

政治風刺劇の流行

口火を切ったのは、ガーシュイン兄弟が作詞・作曲した『バンドを打ち鳴らせ Strike Up the Band』（1930年）だ。スイス産チョコレートの輸入関税が低いと嘆く、アメリカのチョコレート・メーカーのオーナーが、夢の中で米軍の指揮官となり、スイスに対して戦争をおっぱじめる。勇ましくも滑稽なストーリーに、愛国主義者や政治家、山積する国内問題、やがて大戦へと向かう緊迫した国際情勢などへの皮肉を込めた。代表曲に「君に首ったけ」がある。演奏したレッド・ニコルズ楽団には、ベニー・グッドマン、ジーン・クルーパ、グレン・ミラーら、後にジャズ界を背負う錚々《そうそう》たるメンバーが集まった。191公演。

続いてガーシュイン兄弟は『我、汝を歌う Of Thee I Sing』（1931年）で大統領選を扱った。ジョージ・S・コーフマンとモリー・リスキンドの台本によるナンセンスな政治風刺劇。大統領候補ウィンターグリーンと副大統領候補スロットルボトムの独身コンビは、選挙戦で「私たちを結婚させて」と訴え、愛のキャンペーンを張る。大統領候補は、「美人コンテストで優勝した女性を、妻に迎えてファースト・レディにする」との奇抜な公約を掲げて、首尾よく当選を果たす。だが彼は選挙運動中、料理の上手な選挙事務所員と婚約してしまう。これに、美人コンテストで優勝したダイアナが公約違反だと抗議、議会も大統領を弾劾しようとする。しかもダイアナがナポレオンの遠縁の子孫だったことから、フランスとの外交問題にまで発展する。ところが、憲法の定める「アメリカ大統領が務めをまっとうできない時は、副大統領がその責務を代行する」との条文に従って、副大統領が代わってダイアナと結婚することで、事態はあっけなく丸く収まる。選挙運動に始まって大統領の執務、議会、最高裁、外交などを槍玉にあげ、ばかげた結末を含めて国政を痛烈に笑いのめした。観客は、大恐慌を招いた無能な為政者たちを笑い飛ばすことで、いささかなりとも溜飲を下げたのである。また、副大統領スロットルボトムのとぼけたキャラクター（ヴィクター・ムーア）が大いに受け、ガーシュイン兄弟が手掛けた作品では最多の４４１公演を数えた。この作品はミュージカルで初めてピューリツァー賞を受賞した。

　１９３３年にはその続編『ケーキを食べさせよう Let 'Em Eat Cake』が同じクリエイティヴ・チームにより作られた。前作で肩を並べて政界入りを果したウィンターグリーン大統領とスロットルボトム副大統領は、今回の選挙では枕を並べて討ち死に。唆《そそのか》されて革命運動に走り、ついにはプロレタリアート独裁政権が誕生する、といったストーリーだ。だが荒唐無稽に過ぎ、何もかもを嘲りの対象にしたのが裏目に出て、興行は失敗に終わった。90公演。

　アーヴィング・バーリン（作曲・作詞）とモス・ハート（台本）のコンビも風刺劇に参入した。『フェイス・ザ・ミュージック Face the Music』（１９３２年）は、唸るほどの金を持て余す、巡査部長の妻が主人公。散財するためにブロードウェイのつまらぬショーに出資したところ、皮肉にも大当たりしてしまう（この発想は、２００１年の『プロデューサーズ』＝原作映画は１９６８年＝でも用いられている）。やがて警察の汚職事件が発覚するが、巡査部長の妻がショー出資で儲けた金で解決をみる。一方、かつて金持ちだった政治家、警察官僚、エリートたちは今や左前になり、小さなブリキ缶を持ち歩いてコーヒー一杯を乞う。恐慌によって無秩序化した経済的状況を、誇張した笑いのうちに描き出した。165公演。

続いてバーリンとモス・ハートのコンビは時事風刺レヴュー『幾千の喝采を浴びて As Thousands Cheer』（1933年）を成功させた。ショーを新聞に見立てた構成にし、各場面には見出しを掲げて、歌と踊りとスケッチでつづる趣向。ニュースのみならず、天気予報、漫画、人生相談、劇評までもパロディーにした。リンチに遭って帰らぬ夫を待つ妻が、けなげに歌う「サパー・タイム」のようなシリアスなナンバーもある。1幕のラストで歌われる「イースター・パレード」がヒットした。400公演。

さらにバーリンは『ルイジアナ商会 Louisiana Purchase』（1940年）で、実際にあった汚職事件をヒントにした風刺喜劇を手掛けた。商会の不正取引の調査に赴いた上院議員に対して、商会の社長が色仕掛けで懐柔しようとする話。前述のスロットルボトム副大統領を演じたヴィクター・ムーアが上院議員役を好演した。444公演。

常識を嘲笑する『エニシング・ゴーズ』

一方で、反道徳的な人物や常識を嗤《わら》う状況も好んで描かれた。既成の価値観や倫理観を覆すどぎつい作風が、不況にあえぐ観客に快哉を叫ばせたのである。コール・ポーターが作詞・作曲した『ニューヨーカーズ The New Yorkers』（1930年）は、ナイトクラブや密造酒の醸造所などマンハッタンの裏の生活を覗いて回る、観光ミュージカルの裏ヴァージョン。深窓の令嬢と粗暴な密売人との恋、不倫に浮かれる夫婦、無節操なギャングの子分など、爛熟した人間模様を描いている。娼婦が歌った「ラヴ・フォー・セール」が後にヒットしてスタンダード・ナンバーとなった。168公演。

詞曲とも手掛けるコール・ポーターは、パリを舞台にした観光ミュージカル『五千万人のフランス人 Fifty Million Frenchmen』(1929年、254公演)が最初のヒット作となった。その後も立て続けにスマッシュ・ヒットを放ち、多くのスタンダード・ナンバーも生み出した。とりわけ『陽気な離婚 Gay Divorce』(1932年、248公演)から生まれた「ナイト・アンド・デイ(夜も昼も)」と、『ジュビリー Jubilee』(1935年、169公演)の「ビギン・ザ・ビギン」が名曲としてよく知られる。ポーターの楽曲の特質は、諧謔と機知にあふれ、ダンサブルなジャズ・サウンドと短調曲の叙情性を併せ持つ点だ。

初期の代表作『エニシング・ゴーズ Anything Goes』(1934年)はニューヨークから英国に向かう豪華客船を舞台に、おかしな乗客らが繰り広げる埒もない騒動をつづる。陽気で賑やか、といった範疇に止まらず、およそタガが外れた世界を描き出したナンセンス・コメディだ。ナイトクラブの歌手リノは、ウォール街で働く若い金融マンのビリーに気があるが、ビリーは社交界デビューを果たしたばかりの美女ホープに惚れている。ところがホープは、頭のネジがいささか緩い英国貴族イヴリン・オークリー卿と婚約しており、洋上で結婚式を挙げる予定。こうした波乱含みの男女関係に加え、指名手配中のギャングが神父に扮して客船に乗り込んでおり、その相乗により混乱が混乱を呼ぶ。

悪ノリを徹底的にショーアップしてしまうのが、この作品の真骨頂。例えば、〈豪華客船なのに、セレブが乗船していない〉と不満を募らせる乗客らに詰め寄られた船長は、あろうことか乗り合わせたギャングを大物ギャングとしてセレブの代役に仕立てる。ここでリノらが歌う表題曲「エニシング・ゴーズ」の大ダンス・シーンでは、まさに「何でもまかり通る」さまが狂騒的に繰り広げられる。主役のリノが船内クラブでショーを披露する場では、聖職者に扮して天使らを従えて「吹け、ガブリエル」を歌い、冒瀆的ですらある。結末では英国貴族の若き日の破廉恥も暴かれる。こうした節操のなさ、常識の嘲笑も、大恐慌の副産物といえよう。

「あなたとならば I Get a Kick Out of You」「夜を徹して」「ユー・アー・ザ・トップ（あなたは最高）」などリッチで軽妙な名曲が多い。リノ役はエセル・マーマンが主演した。この時代のミュージカルでは珍しく今日でもよく再演される愉快な傑作だ。420公演。二度映画化され、1936年のパラマウント映画は『海は桃色』との妙な邦題がつけられたが、原作にほぼ忠実な内容でマーマンが主演している。56年の同じくパラマウント映画（邦題『夜は夜もすがら』）ではストーリーが変更され、オリジナル曲も5曲しか使われていない。

『エニシング・ゴーズ』のクリエイティヴ・チームは、この路線の延長上に『我、汝を歌う』の向こうを張った政治風刺劇『レッド、ホット・アンド・ブルー Red, Hot and Blue』（1936年、183公演）を続けて製作したが、これは大ヒットに至らなかった。ただし、ポーターの著名な楽曲「イッツ・ディ・ラヴリー」「90階の深みにはまって」「ライディン・ハイ」の3曲が含まれている。さらにポーターは『私にまかせて！ Leave It to Me!』（1938年、291公演）でもアメリカの外交をコミカルに風刺している。

リチャード・ロジャースとローレンツ・ハートは『やっぱり正しくありたい I'd Rather Be Right』（1937年）で風刺劇に参戦。フランクリン・ルーズヴェルト大統領を主人公〈ジョージ・M・コーハンが演じた〉に据えた。〈大統領が国家予算を立て直さない限り、給料を上げない〉という会社に働くサラリーマンが、たまたま公園で出くわした大統領に窮状を直訴したところ、結婚を控えた彼のために、なんと大統領は国家予算の立て直しを約束する。さらに内閣や最高裁、公共事業局などをしたたかに皮肉ったが、『我、汝を歌う』ほどの破壊力はなかった。290公演。

フォーク・オペラ『ポーギーとベス』

こうした風刺劇・戯画化の流れとは別に、作詞・作曲コンビはそれぞれ独自の創意を深め、優れた舞台を作り出していった。その代表格が、ガーシュイン兄弟〈作詞は原作者のデュボーズ・ヘイワードも〉による『ポーギーとベス Porgy and Bess』（1935年）だ。「フォーク・オペラ」と冠したこの作品は、華々しいショービジネスの世界では異形ともいえる陰鬱なドラマを描いている。原作の戯曲『ポーギー』を1927年に舞台化したシアター・ギルドの主導による製作。

サウスカロライナ州チャールストン（今や米国人に最も人気のある国内の観光地）の黒人貧民街「ナマズ横丁」が舞台。賭博のいざこざから、やくざ者クラウンは仲間を殺してしまい逃亡、その情婦であったベスは取り残される。ベスは、遊び人の麻薬売人スポーティングからニューヨーク行きを持ち掛けられるがこれを拒み、彼女に一途な愛を捧げる足の不自由な青年ポーギーと一緒に暮らし始める。だが彼女は、ポーギーを置いて離島へピクニックに出かけた際に、潜んでいた元の恋人クラウンに捕えられてしまう。辛くも逃げ帰ってきたベスは発熱し、ポーギーは献身的に彼女を看病する。数日後、クラウンがやって来てベスを連れ戻そうとしたため、ポーギーは身を挺して守ろうとし、争ったはずみで彼を刺殺してしまう。ポーギーは連行されるが、彼に対して何一つ不利な証言がなかったおかげで釈放される。しかし、事件に怯えたベスは、スポーティングの誘いを受け入れてニューヨークへ行ってしまっていた。ポーギーは山羊の引く車でとぼとぼとニューヨークを目指して歩み出す……。

社会の底辺に暮らす男女の悲運、しがない男の純愛を描いた傑作だが、なんと言ってもオペラのスケールを持つ美しい音楽が最たる魅力。数多くのカヴァーを生んだ子守唄「サマータイム」を始め、「ないものがたくさん（くたびれもうけ）」「ベス、今こそお前は俺のもの」「そうとも限らない」「アイ・ラヴ・ユー、ポーギー」など名曲が目白押しだ。ゴスペルとジャズの書法を採り入れ、憂いを帯びた短調曲が多い。

初演はわずか124公演でクローズしたが、その後世界各地で上演され、オペラのレパートリーにもなっている。ジョージ・ガーシュインは1937年に脳腫瘍のため38歳の若さで他界し、これが最後のブロードウェイ作品となった。

なお、死後にガーシュイン兄弟の楽曲を集めて作られたミュージカル映画『巴里のアメリカ人 An American in Paris』（1951年）がよく知られている。「アイ・ガット・リズム」「ス・ワンダフル」など代表曲が満載。2015年に舞台版がブロードウェイで上演され、成功を収めた。

バレエの必然性を創出

一方、ロジャースとハートのコンビは『オン・ユア・トウズ On Your Toes』（1936年）で、バレエをストーリーに不可欠な要素として組み込み、ミュージカルに新たな可能性を拓いた。振付はロシア生まれで、後にクラシック・バレエとモダン・バレエの橋渡しをする振付師ジョージ・バランシン。このミュージカルも、ロシアン・バレエとアメリカン・ジャズが出会う、異文化融合のバックステージものだ。

ヴォードヴィル芸人の両親を持つフィル・ドーラン3世は音楽教授だが、むしろダンサーになりたいと切に願っている。彼は財政危機に見舞われたロシアン・バレエ団に支持者として参加し、親しくなったプリマドンナのヴェラに〈モダン・ジャズ・バレエを採り入れたら〉と提言する。さらにヴェラとペアを組んでいた主演ダンサーが失踪したことから、新作のバレエ「10番街の殺人」で彼女の相手役を演じることになる。しかし、消えた主演ダンサーはギャングと借金トラブルを抱えており、ギャングたちは主演ダンサーが踊り終わった瞬間に彼を射殺しようとしていた。

開演後にこの計画を知ったドーランは踊りを止められず、体力の限界まで踊り続ける……。

この場面が、インストゥルメンタルのビッグ・ナンバー「10番街の殺人」のバレエ・シーンだ。この劇中劇では、怪しげなナイトクラブで踊るストリッパーに言い寄る客を、経営者であるギャングのボスが嫉妬して射殺する、といった殺人事件が表現されており、外側の現実、すなわち物語の本筋と似た内容になっている。つまり二重の意味で、バレエ・シーンはストーリーに必然的な要素として織り込まれている。

そのほかの印象的なナンバーに、ドーランが恋人フランキーに誘いかける「小さなホテル」、彼の知人で舞台スポンサーのペギーらが歌う「凡人には身に余る光栄」、ペギーとドーランのデュエット「心は眼よりも早く」、しっとりとした合唱曲「静かな夜」、表題曲「オン・ユア・トウズ」がある。315公演。

ロジャースとハートの次作『ベイブズ・イン・アームズ Babes in Arms』(1937年)の表題は「抱かれたベイビー」と「軍隊のベイビー」の掛詞。旅回りのヴォードヴィリアンたちを親に持ち、保安官から労働農場に送られそうになった十代の若者たちが、それを逃れるためにレヴューを上演しようと奮闘する話。ストーリーは他愛ないが、このミュージカルには珠玉のナンバーが横溢する。多くのカヴァーを生んだ叙情的な名曲「マイ・ファニー・ヴァレンタイン」を筆頭に、「ホェア・オア・ホェン」「もう一度恋ができたら」「ジョニー・ワン・ノート」「ザ・レディ・イズ・ア・トランプ」と、5曲ものヒット曲が生まれた。この振付もバランシンが手掛けた。289公演。

ラジオが普及した１９３０年代、ブロードウェイ・ミュージカルはヒット曲の一大供給源となり、楽曲は単独のポップスとしても受容されていた。ジャック・レイモンド著『レコードになったショー・ミュージック』（１９８２年）によると、１８９０年から１９８１年にかけてミュージカルからレコード化された楽曲のリストは、２段組の小さな活字でＡ４判１４９ページに及ぶ。年代別の内訳は、１９３０年代が最も多い30ページを占め、40年代と50年代が各26ページ、テレビが普及した60年代以降は減少の一途を辿る。30年代から50年代までが、ミュージカル・ナンバーがヒットチャートを賑わした全盛期であった。

粋な大人のテイスト『パル・ジョーイ』

さて、ロジャースとハートは『シラキュースから来た男たち The Boys from Syracuse』（１９３８年）で、初めてシェイクスピア劇をミュージカル化した。材に取られたのは『間違いの喜劇』。２３５公演。これを嚆矢として、シェイクスピア劇は次々とミュージカルになってゆく。

『パル・ジョーイ Pal Joey』（１９４０年）は、ロジャースとハートのコンビが生んだ最高傑作と評される。ジョン・オハラの短編を原作とし、流れ者のクラブ・シンガーを描くニヒルで都会的なストーリー。

プレイボーイのジョーイはシカゴのナイトクラブに職を求め、その店で昔の恋人だったクラブ歌手のグラディスと再会する。さらにジョーイは、田舎から出てきたばかりのウブな娘リンダ、社交界の大物で大富豪夫人のヴェラとも関係を持つ。ヴェラはジョーイに出資してナイトクラブを持たせるものの、やがて関係は破綻。グラディスは仕事をクビにされた仕返しに男と組んでジョーイを脅迫し、リンダは去る……。

この作品は、手八丁口八丁で渡り歩く無節操な主人公、交錯する女たちの思惑、ナイトクラブに漂う紫煙など、粋な大人のテイストをミュージカルに持ち込んだ。主人公がどの女性とも結ばれないエンディングも、当時のミュージカルでは珍しい。楽曲も、皮肉やズレを込めた知的な味わいを持つ。代表曲として、経験豊富なヴェラが自嘲的に歌う「魅せられて」がよく知られている。流麗なメロディにシニカルな歌詞を乗せたナンバーで、後半に意味を違えてリプリーズされる。ジョーイがリンダの気を引こうとして歌う「俺は本が書ける」も、出まかせを述べる歌詞と、やたらにロマンティックな曲想とのズレが面白い。新聞の女性コラムニストがジョーイにインタヴューする場で歌う「ジップ」は、自らの業績を披瀝する軽快なリスト・ソングだ。374公演。

主役のジョーイには、当時無名だったジーン・ケリーが抜擢された。この舞台でケリーは一躍有名になり、ミュージカル映画『雨に唄えば』『巴里のアメリカ人』などで活躍することになる。

ロジャースとハートの作曲・作詞コンビはこうして快進撃を続けた。続く『ジュピターにかけて By Jupiter』(1942年)は427回の続演が行われて、この俊英コンビが手掛けたミュージカルでは最多の上演回数を記録した。しかし、二人の関係は行き詰まっていた。ハートが破滅型だったためで、深酒に溺れ、仕事の約束をすっぽかすことも珍しくなく、しばしば消息を絶った。業を煮やしたロジャースは『ジュピターにかけて』を最後に、ハートとのコンビを解消する。具体的な経緯としては同年、シアター・ギルドが以前に上演した音楽劇『ライラックは緑に茂る』のミュージカル化をロジャースに持ち込んだことに端を発する。ロジャースは大いに創作意欲をかきたてられたが、ハートはあたかも休暇を取ると決めていた時期だったこともあり仕事を断った。その内容に興味すら示さなかった。ロジャースは「それなら他の作詞家と仕事をする」と通知し、ハートはこれを従容として受け入れた。その作品が新時代を拓くことになるとは、ハートは知る由もなかった。

その画期的なミュージカルが幕を開けた後の1943年11月、ハートは豪雨の中、マンハッタンのバーの前で泥酔し、正体不明のところを友人（『マイ・フェア・レディ』の作曲者フレデリック・ロウ）に発見されて、宿泊先のホテルへと運ばれた。しかし既に肺炎を発症しており、病院に運ばれたものの帰らぬ人となった。まだ働き盛りの48歳だった。

30年代後半には、ロングラン記録にちょっとした異変があった。ハロルド・ローム作詞・作曲の『ピンと針 Pins and Needles』（1937年）は、国際婦人服労働組合の組合員が上演した、労働運動をアピールする劇であったが1108回もの公演を重ね、当時のロングラン記録を破った。さらに、翌年に上演された『ヘルザポピン Hellzapoppin』（1938年）はパロディー、寸劇、歌とダンスを取り混ぜた騒がしいヴォードヴィルで、劇評はさっぱりだったものの、賑やかな舞台が観客に受けて1404公演を果たし、またもやロングラン記録を更新した。こうした作品が相次ぎ記録を塗り替えたことも、不況の時代の副産物だった。

6.

『オクラホマ！』の革新性

オクラホマ！
回転木馬
南太平洋
王様と私

作曲リチャード・ロジャース、作詞・台本オスカー・ハマースタインの新コンビの初仕事は、リン・リグス作の戯曲『ライラックは緑に茂る』（1931年、64公演）のミュージカル化だった。その『オクラホマ! Oklahoma!』（1943年）は、物語・歌・ダンスを一体化した点でミュージカルに革新をもたらし、新時代を切り拓いた。

20世紀初頭の1907年、オクラホマ準州がインディアン準州との統合で州に昇格した年を描いている。オクラホマの長閑なインディアン居住区では、カウボーイと農民が共存し、物流の発達により外との交流が開け始めていた。

カウボーイのカーリーと、農家の娘ローリーは互いに恋心を抱いているものの、若い二人はそれを素直に表現できず、意地を張り合っていた。折しも、若者たちが浮足立つ行事ボックス・ソーシャル（娘たちが作ったランチ・ボックスを社会事業のためオークションにかける親睦会。競り落とした男が、作った娘と一緒にランチできる）のパーティーを今夜に控えている。ローリーはカーリーに当てつけるように、不気味なところがある使用人ジャッドとボックス・ソーシャルに出かける約束をしてしまう。

脇筋として、男に惚れっぽいアド・アニー、彼女の恋人でお人好しなカウボーイのウィル、彼女に手を出したとして結婚を約束させられる行商人アリの三者が織りなす喜劇的な三角関係が織り込まれる。

反語的ラヴ・デュエット

幕開けの場面からしてユニークだ。朝、中年女性（ローリーの叔母エラーだといずれわかる）が一人、舞台中央に陣取って黙々と攪乳器でバターを作っている。そしてオフ・ステージからアカペラの歌声が聞こえ、ややあって舞台背面からカーリーが名曲「なんて美しい朝」を朗々と歌いながら登場する、という趣向だ。これは「オープニングは華やかに」というショーの鉄則に対する挑戦であり、当時の観客はさぞ意表を突かれたことだろう。しかし、このシーンは田園風景のさわやかさを彷彿させ、シンプルな新しさを表現している。

続いてローリーもこの曲を歌いながら登場し、二人がお似合いの男女であることが暗に提示される。カーリーはローリーに向けて調子のよいナンバー「房飾りつきの幌馬車」を歌い、素敵な馬車に乗って一緒にパーティーに行くのだと大風呂敷を広げる。しかし、馬車はホラ話に過ぎないと聞いてローリーは立腹し、結局、同行を拒否する。その後カーリーは、燻製小屋に住む使用人ジャッドから〈ローリーと今夜のパーティーに行く〉と聞いて、愕然とする。そこでカーリーも当てつけがましく、品のない笑い方をする女性と連れ立ってローリーの前に登場。それを見たローリーは快活な「たくさんの新しい一日 Many a New Day」を歌う。いくつもの新しいことが待ち受けるだろう、と吹っ切れた思いを無理やり自分に言い聞かせるような歌だ。

それでもカーリーはローリーの家を再訪する。ここで二人がデュエットする「恋仲だと人が言う」が巧妙な名ナンバー。恋仲だと人に噂されると迷惑なので、相手に「しないで欲しいこと」

をリストにして歌うが、そうは言いながら実は互いに気があることが伝わってくる反語的ラヴ・デュエットだ。例えば〈私のジョークに笑い過ぎないで〉というフレーズなど情景を想像させて微笑ましい。数人の男女に囲まれたローリーがちょっとした冗談を言うと、ローリーを意識しているカーリーだけが過敏に反応してバカ笑いしてしまう……。ハマースタインは『ショー・ボート』の「メイク・ビリーヴ」と同じように、ラヴ・デュエットの形に工夫を凝らしたのだ。メロディも非常にシンプルでありながら、ヴァースの最後で半音を駆使して印象的なフレーズを聴かせる。

こうして二人は和解のチャンスを逃し、腹立ちまぎれにカーリーはジャッドの燻製小屋を訪れる。そこでカーリーは悪意を込めて、〈ジャッドが死んだら多くの人が彼を慈しんで悲しむだろう〉と自殺を教唆するような歌を歌う（「かわいそうなジャッド」）。それに対して、ジャッドは伝聞の形を取りながらではあるが、以前働いていた家で放火殺人を犯したようなことを話す。カーリーが去った後、ジャッドは「孤独な部屋」というナンバーで、夢想ではなく生身の女を手に入れたい、と歌う。陽性の歌が大半を占めるこのミュージカルにおける唯一の短調曲であり、ジャッドが共同体の中で異質な存在であることを音楽的にも示している。

深層心理をバレエで表現

一方、ローリーは「夢の中から」という美しいナンバーを歌いながら眠りに落ちる。そこで見た夢を表現したのが1幕フィナーレを飾るバレエ・シーンである。夢の中で、ローリーはカーリーと結婚式を迎える。と思ったら花婿の顔はジャッドに変わっていた。ローリーは怯えるが、やむなくジャッドと踊る。やがてセクシーな女たちが登場し、猥雑なダンスを見せる。女性ダンサーらがはけて、再びローリーはジャッドと二人きりになる。そこへカーリーが躍り出て争うが、強靭なジャッドはカーリーを組み伏せて殺そうとする……。

無意識の欲望や恐怖をバレエによって表現したのが斬新だった。ロジャース作品におけるバレエの活用は『オン・ユア・トウズ』（バランシン振付）に萌芽があるが、『オクラホマ！』の振付を担当したのは女性振付師のアグネス・デ・ミル。作詞・作曲コンビは、彼女の振り付けたバレエ『ロデオ』を観て採用を決めたのだった。デ・ミルの振付は、人物の深層心理を踊りによって鮮やかにえぐる、新しい表現をもたらした。

2幕の最初の場では、ボックス・ソーシャルのオークションが山場となる。最後に残ったローリーの作ったランチ・ボックスをめぐり、ジャッドは貯め込んだ金をつぎ込んでどんどん値を釣り上げる。カーリーはそれに対抗するため、やむなく仕事の必需品である鞍をその場で売り、次いで馬を売りさばき、しまいには虎の子のピストルまで売り払って、ついにジャッドに競り勝つ。

次の場では、ジャッドが人気のない場所でローリーに迫っている。ローリーは身の危険を感じ、使用人のジャッドに馘首《くび》を言い渡す。すごんで立ち去ったジャッドに代わってカーリーが登場し、二人はようやっと率直に思いを告白して婚約する。ここで「恋仲だと人が言う」をリプリーズするが、ヴァースの終わりの句〈People will say we're in love〉（1幕）は、ここでは〈Let's people say we're in love〉に変わっており、少し語句をいじっただけで〈恋仲だと噂される（と迷惑だ）〉から〈恋仲だとみんなに言わせよう〉へと、逆の意味に転じている。

終幕はその三週間後、カーリーとローリーは結婚式を挙げている。商売道具を売り払ってしまったカーリーは、農夫として働くことになった。お祝いの最中、姿をくらましていたジャッドが現れ、カーリーにナイフで襲いかかる。しかし、取っ組み合ううちにジャッドはナイフの上に倒れ、命を落とす。居合わせた判事が直ちに正当防衛を認め、カーリーとローリーはめでたく「房飾りつきの幌馬車」に乗って新婚旅行へと出かける。ここで「なんて美しい朝」がリプリーズされ、牧歌的なハッピーエンドを迎える。

脇筋では、本来アド・アニーの恋人であるはずのウィルがあまり賢くなく、滑稽な展開を招く。ロープの名手であるウィルは、アド・アニーの父親であるお堅い判事から50ドルの持参金を用意しないと娘はやれない、と言われている。そこでウィルはカンザス・シティで開催されたロープ競技試合に出場し、見事優勝を果たして賞金50ドルを獲得した。ところがウィルは彼女へのお土産を買うために、賞金を使い果たしてしまう。

片や、アド・アニーは行商人アリの巧みな話術に乗せられ、彼とイチャイチャしている。ローリーに、〈ウィルという恋人がいるのに〉とたしなめられて、アド・アニーが歌う「ノーと言えない」はコミカルなナンバー。男に言い寄られると拒否できない性格だと、自分を持て余し気味に歌うのがおかしい。

一方、あちこちを放浪して歩く自由を謳歌していたアリは、アド・アニーとちょっと親しくしたばかりに、父親の判事から銃を突きつけられて婚約を強いられ、「こりゃ醜聞だ、こりゃ非道だ」と歌って憤慨する。だが彼は一計を案じ、ウィルに持参金を得させようと、ウィルが買ってきた土産物を多額の金で買い取る。かくして持参金ができたはずのウィルだが、彼はその金であろうことか、アド・アニーの作ったランチ・ボックスを競り落とそうとする。そうすると彼はまた無一文だ。青くなったアリは必死に競りに対抗しながらウィルに目配せして、ようやく彼に愚を知らしめる。こうしてようやっと、ウィルとアド・アニーは結ばれ、ウィルが節操の戒めを歌う「全部か無か（妥協は許さない）」にアド・アニーも和する。

この脇筋の三角関係は、間の抜けた言動と性格による、ほのぼのとしたユーモアを醸し出し、本筋の純真なカップルと対比をなしている。

歌とダンスとストーリーを統合

これらのプロットの間に、三つの快活なダンス・ナンバーも織り込まれている。1幕、ロープ大会から意気揚々と帰郷したウィルが歌い群衆が唱和する「カンザス・シティ」は、都会の進歩と物資の豊かさを歌い上げて、新しい時代の波を感じさせる。2幕冒頭の軽快な「農夫とカウボーイ」はボックス・ソーシャルの場で、それまで仲が悪かった両者が対立から和解に至る合唱曲だ。終幕の結婚式の場で参列者が合唱する「オクラホマ」（タイトルと微妙に違って、この曲名にはなぜか感嘆符がない）では、人々は二人の結婚とオクラホマの州昇格を祝福する。この後ひと

『オクラホマ！』初演舞台（1943年）の群舞シーン（Potofest／アフロ）

波乱あるものの、曲想としては大団円的な喜悦感あふれるナンバーだ。

このように『オクラホマ！』では魅力的な楽曲、「夢のバレエ」を含めたダンス、そしてストーリーが見事に一体化しており、「統合（Integration）ミュージカル」と評される。それはハマースタインとカーンが『ショー・ボート』で試みた、物語と歌の融合をさらに推し進めたものだ。1章で述べたように「ショー」に源流を持つミュージカルは、その初期において歌やダンス、スケッチ、個人芸などの「部分」が独立して受容される傾向にあった。その後、台本の重要性は認知されたものの、一方でミュージカルがヒット曲の供給源となったことから、楽曲がポップスとして単独のヒット曲を狙う路線へと傾いた。そうした中にあって、『オクラホマ！』が成し遂げた「統合」により、ミュージカルは歌やダンスが「全体」に寄与する方向へと、歴史的な舵を切ったのである。

『オクラホマ！』はそれまでのロングラン記録を大きく更新する２２１２回の公演を重ねた。だが、これほどのヒット作となったのは作品の見事さのせいばかりではなく、時局の影響も大きいとされる。初演当時、アメリカは第二次世界大戦中で、愛国意識が高揚していた。そのため、『オクラホマ！』で謳われた郷土愛、古き佳き時代の牧歌的な原風景が観客の心に訴えるものが少なからずあった。翌年、ピューリッツァー賞特別賞も受けている。

また、それまでのミュージカルの大半は都会を舞台としていたが、『オクラホマ！』はのどかな田舎を舞台としており、台詞も方言で書かれている（例えば catch→ketch など）。地方を舞台とする作品では『ポーギーとベス』が先鞭をつけたが、１９４３年の頃には産業構造も変わり、田園という舞台が新しい客層の嗜好に合った。というのも、オートメーション、モータリゼーションの発展のせいで地方の労働人口が大都市へと流入し、大衆化社会が形成され始めたからだ。つまりブロードウェイは、洗練されたニューヨークっ子だけではなく、地方出身者を含めたいわば全米を対象とする劇場街へと拡がりを見せていたのだ。

さらに、「統合」とは矛盾する言い方になるが、ヒット・ミュージカルの必須要件として圧倒的な曲の良さを備えていたことも大きい。『オクラホマ！』は初演の年の12月、ミュージカルで初めて全曲を収めたオリジナル・キャスト・アルバムが発売され、ゴールド・レコードを受賞した。

「伝える」大切さ謳う『回転木馬』

こうして、作曲リチャード・ロジャース、作詞・脚本オスカー・ハマースタイン2世の時代が幕開けした。このコンビがミュージカル史に遺した業績の偉大さは論を俟《ま》たない。『オクラホマ！』『回転木馬』『南太平洋』『王様と私』『サウンド・オブ・ミュージック』の5大傑作は現在に至るまで、世界中で愛好されている。

『回転木馬 Carousel』（1945年）は、ハンガリーの戯曲『リリオム』を基にし、舞台をブダペストから19世紀後半のニュー・イングランドの漁村に置き換えた悲劇的ファンタジーだ。

紡績工場の女工ジュリーは、唯一の娯楽施設である回転木馬の呼び込みをやっているビリーと似合わぬ恋に落ちる。ビリーは回転木馬を経営する年上の女性のヒモだったが、ジュリーと親しくしたことで仕事をクビになり、ジュリーもまたビリーとのデートで門限を破ったため解雇される。

二人は結婚したものの、共に職を失っていて生活に困窮し、その苛立ちからかビリーはジュリーに手を上げるようになる。やがてジュリーが身ごもる。貧乏な家庭に育つ子供の将来を不憫に思うビリーは、昔の悪い仲間に唆されて強盗に加担する。が、逃げる際に転んで手にしたナイフを胸に刺してしまい、命を落とす。

天界でしばらく刑に服した後、ビリーは地上を覗いて、成長した娘のルイーズがいじめられているのを認め、一日だけ地上に戻ることを願い出て許可される。地上で娘に再会したビリーは、空から盗んだ星の欠片《かけら》を娘に渡そうとする。ところが娘は〈知らない人から物をもらえない〉と逃げ腰になったため、ビリーはつい娘の頬をぶってしまう。しかしルイーズは不思議と痛みではなく温かみを感じる……。

ジュリーとビリーが出会った際に歌うラヴ・デュエット「もしも愛したら If I Loved You」に、ハマースタインならではの工夫がある。『ショー・ボート』の「メイク・ビリーヴ」では「フリをする」設定で初対面での愛の言葉を無理なく語らせたが、ここでは仮定法を使うことで会話を自然に見せている。だが、二人は恋仲になるものの、仮定法過去は現実に反することを意味し、実際には互いに「愛している」とは言っていないのがミソだ。さらに、妻の妊娠を知ったビリーが子供を思いやって歌うのが「独白」という曲で、文字通り、独り浜辺で歌う。つまり、ジュリーとビリーは愛をしっかりと相手に「伝えていない」のだ。それが、このミュージカルのテーマを形成する。

終盤、地上にビリーが降りた時、ルイーズが浜辺で踊るバレエのシーン（これもアグネス・デ・ミル振付）で流れるインストゥルメンタルに、「もしも愛したら」と「独白」のモチーフが含まれている。このモチーフは伏線として効果的に、彼が娘に思いを「伝えられない」状況を彩る。しかし、終幕の娘の卒業式では、代表曲「もう独りぼっちじゃない」が合唱される時、陰から頑張れと励ますビリーの思いがルイーズにかすかに「伝わる」のだ。この作品では楽曲とバレエが「伝える」大切さを謳う主題に直結している。ほかに知られたナンバーに、女工仲間のキャリーが歌う「ミスター・スノー」、合唱曲「六月は花と開く」がある。890公演。

『南太平洋』のロマンと人種偏見

『南太平洋 South Pacific』（1949年）は、第二次世界大戦中の南洋の小島を舞台に、男女二組のロマンティックな恋愛を異国情緒たっぷりに描き上げたものだ。ただし、このロマンはいずれ辛口の社会性を帯びてゆく。ジェイムズ・ミッチェナーの短編二つが原作。ジョシュア・ローガン演出。

アメリカ南部出身の陽気な海軍看護兵ネリーは、駐在した小島で農園を営むフランス人エミールと出会って互いに心惹かれる。二人が親密になる優美な日暮れ時を彩るのが、名曲「魅惑の宵」だ。ネリーはエミールから、彼が故国フランスで、正当な理由があったとはいえ人を殺してしまい、この南洋まで落ち延びてきたことを明かされる。ネリーの心は揺れるが、二人は深く愛し合うようになる。

一方、現地人の商売上手なブラディ・メアリーは、沖に霞んで見える島バリ・ハイが蠱惑的《こわくてき》な楽園であると歌い上げる。この名曲「バリ・ハイ」も、一度聴いたら忘れられない優れたメロディラインを持つ。特務を帯びて派遣されてきたケーブル中尉は、任務遂行のためエミールの協力を仰ぐものの断られる。所在なくケーブル中尉はブラディ・メアリーに案内されてバリ・ハイ島に渡る。そこでメアリーの美しい無垢な娘リアットを紹介され、たちまち二人は愛し合う。ここでケーブル中尉が歌う「春よりも若く」が瑞々しい佳曲。2幕に入って、リアットが愛らしい仕種を見せ、メアリーが歌うメロディアスな「ハッピー・トーク」もよく知られたスタンダード・ナンバーとなっている。ここまでは幸福な南国ロマンだ。

ところが、エミールがかつてポリネシア人と結婚していて先立たれ、有色人種の子供までもうけていたと聞いて、ネリーはショックを受け、彼を避けるために転属願いを出す。南部出身のネリーは人種偏見の壁をどうしても越えられないのだ。一方、ケーブル中尉はメアリーから、娘と結婚してここに暮らすように勧められるが、これも断る。

失恋したエミールが悲痛な思いで〈偏見とは生まれつきなのか？〉と問うのに対し、ケーブル中尉は「入念に教え込まれた」という歌で、人種偏見は後天的に刷り込まれたものであると道破する。絶望したエミールは任務を受諾してケーブル中尉と共に危険区域へ偵察に向かい、中尉のみ命を落とす……。

楽曲はほかにも珠玉のナンバー揃い。ネリー役には大スターのメアリー・マーティン、エミール役にはメトロポリタン・オペラのバス歌手エツィオ・ピンザが扮し、美声を聴かせた。ロマンティックな音楽や光景と、人種差別を告発するシリアスな社会性との落差が秀逸な傑作だ。

１９２５回のロングランを果たし、１９５０年度のトニー賞では作品賞など９部門を独占した（ただし、美術も他作品を対象に含めて前年度に受賞している）。またミュージカルとしては２回目のピューリツァー賞演劇部門を受賞した。

『王様と私』の異文化摩擦

続く『王様と私 The King and I』（1951年）は、1860年代初めのシャム（現・タイ）の王室に、家庭教師として仕えた英国女性が遭遇する文化摩擦を描く。実在の女性の体験記を基にしたマーガレット・ランドンの小説『アンナとシャム王』が原作。

夫に先立たれたアンナは、息子を連れてバンコクに赴く。西洋風の近代化を目指すシャム王は勤勉ではあったが、王の前ではあらゆる人間に平身低頭させるなど因習を墨守する、尊大で強情な人物であった。独立した家を与えられるはずだったのに王宮住まいさせられたアンナは契約不履行に抗議、王と衝突を繰り返す。だが王の多数の子供たちには慕われ、第一王妃とも心を通わすようになる。

ある日、英国から使節が来るとの報せを受けた王はアンナに助言を乞い、歓迎レセプションを催す。それが成功裏に終わり、西洋風のもてなしが気に入った王は見知ったばかりのダンスを実践しようとアンナと踊る。この場面で歌われるのが代表曲の「シャル・ウィー・ダンス」だ。ここでアンナと王は友愛、少なくとも心通わす関係を築く。

脇筋として、隣国ビルマから貢物として献上された女奴隷タプティムと、随行した使者ルン・タとの悲劇的な恋愛が描かれる。英語を解するインテリのタプティムは、レセプションでの劇中劇「アンクル・トムの小屋」で権力者を風刺、王の怒りを買う。劇の直後、愛し合う二人は脱走するが、タプティムは捕らえられ、ルン・タは死体で発見される。

捕まったタプティムに対して王が鞭打ちの刑を与えようとする。アンナが身を挺してそれに抵抗すると、王は鞭を振るえない。総理大臣によると〈王が壊れた〉その日以来、王は病床に伏す。やがて死期が迫り、アンナの教えを学んだ王太子が即位して、法を近代的に改める……。

楽曲はこれも魅力的なナンバーが多い。1幕でアンナが歌う「ハロー、若い恋人たち」「だんだんと知り合って」が佳曲。おびただしい王子たちが入室する場面で流れるインストゥルメンタル「シャムの子供たち」が威風堂々。アンナとの問答で悩む王の「パズルメント」にはユーモアと苦悩が同居する。第一王妃がアンナに王への協力を乞う「何か素晴らしいこと」はメロディが躍動的だ。

脇筋のタプティムとルン・タによるデュエット2曲が素晴らしい。1幕で、人目を忍んで密会した二人が奏でる「木陰の口づけ」が爽やかなナンバーで、後半の悲劇を引き立たせる。2幕、逃亡直前に歌う名曲「夢を見た」に切羽詰まった思いがこもる。また、タプティムが構成した劇中劇「アンクル・トムの小屋」でのバレエ（ジェローム・ロビンズ振付）が評判になった。ロジャース作品で十八番となったバレエの手法を、この作品では脇役の演じる劇中劇に織り込みながら、本筋を風刺する形に還元してみせた。

王様役を演じたユル・ブリンナーはその後のツアー公演や再演でも演じ続け、専売特許のように終生の当たり役とした。アンナはガートルード・ローレンスが演じた。

なお、2年前の『南太平洋』に続いて、異文化邂逅をモチーフにしたことから、ロジャースとハマースタインはこの時期、東洋やカルチャー・ギャップに関心を高めていたとの見方があるがそれは必ずしも正しくない。むろん、そうしたテーマに無関心ではなかったのだろうが、この企画を主導したのは作詞・作曲コンビではなく、主役のガートルード・ローレンスだった。原作『アンナとシャム王』の映画化作品に惚れ込んだ彼女は当初、自ら主演する企画として、コール・ポーターに作詞・作曲の打診をしたが、いい返事をもらえなかった。そこで、ロジャースとハマースタインに話を持ち込んだ。作詞・作曲コンビは、ローレンスの歌唱力に難があるのを承知で、この魅力的な題材を引き受けたのだった。

2015年の再演が大成功を収めてトニー賞リヴァイヴァル賞を受け、王を演じた渡辺謙がトニー賞主演男優賞の候補になった（受賞はせず）。この作品に対しては、西洋中心主義的な観点から東洋を滑稽なものとして描いているとの批判があるが、2015年リヴァイヴァル版ではシャム側の尊厳にも目配りした演出だった。

7.

新しい才能とコメディの成熟

オン・ザ・タウン
ワンダフル・タウン
ブリガドゥーン
ガイズ・アンド・ドールズ
アニーよ、銃をとれ
マダムと呼んで
キス・ミー、ケイト

１９４４年、四つの新しい才能が結集した。作曲家レナード・バーンスタイン、作詞・台本を手掛けるベティ・カムデンとアドルフ・グリーンのコンビ、振付師ジェローム・ロビンズの四人だ。彼らのデビュー作『オン・ザ・タウン On the Town』（１９４４年）は、その後の活躍を予見させる新鮮な活力に満ちている。

午前6時、ニューヨークの波止場。24時間の上陸許可をもらった水兵三人が気ままな市内見物に繰り出し、それぞれ素敵な女性と出会う。意中の女性を求めて街中を駆け回る恋の冒険を、ニューヨーク観光と重ねて描き出した。

ロマンティストのゲイビーは早速、地下鉄の車両に貼られたポスターで微笑む「ミス地下鉄」に一目惚れ。他の二人の協力を得ながら、彼女が居そうな場所を探し回る。その途中、真面目なチップはタクシーの女性運転手ヒルディに惚れ込まれ、彼女の家に連れてゆかれる。お調子者のオジーは自然史博物館で、人類学を専攻する学者クレアと仲良くなる。その際に恐竜の標本を壊してしまい、警察に追われる羽目に陥る。

一方、ゲイビーはカーネギー・ホールの音楽教室でやっと「ミス地下鉄」のアイヴィーを見つけて口説くが、彼女は約束した場所に現れなかった。出来たてのカップル二組とゲイビーが顔を合わせての賑やかなディナーののち、彼らを追う警察も引き連れて、一同はアイヴィーがアトラクションに出演しているコニー・アイランドへと向かう……。

リッチな音楽と開放的なダンス

バーンスタインの音楽がリッチで流麗。波止場に上陸した三人が期待に胸を膨らませて歌う「ニューヨーク、ニューヨーク」を皮切りに、ヒルディが強引にチップを口説く「うちへおいで」、博物館でオジーとクレアがデュエットする「キャリード・アウェイ（我を忘れて）」、ナイトクラブで男女二組が声を弾ませるタンゴ調の「ユー・ガット・ミー」など軽快な佳曲が目白押しだ。そうした中で、ゲイビーが恋心を秘めてしっとりと歌うバラード「ロンリー・タウン」と「僕でよかった」が聴かせる。コニー・アイランドへの車中、残り時間を惜しんで男女二組が歌う「いつの時にか」も、しみじみとした情感に富む。

もともとは、ロビンズとバースタインによって作られたバレエ『ファンシー・フリー』をミュージカル化したもので、ダンスの比重が高い。1幕の「タイムズ・スクエア」の群舞、2幕の「想像のコニー・アイランド」の幻想的なバレエ、「現実のコニー・アイランド」のダンス、以上三つの大きなダンス・ナンバーがある。ロビンズの振付は開放的でダイナミックな伸びやかさを放ち、陸に上がった水兵たちの開放感を鮮烈に表現した。

演出はヴェテランのジョージ・アボット。462公演を重ねた。ジーン・ケリーやフランク・シナトラが出演した映画版（1949年、邦題『踊る大紐育《ニューヨーク》』）が知られるが、クレアとその婚約者である判事とのエピソードがカットされているほか、楽曲も大幅に変更されている。

バーンスタインとカムデン＆グリーンは次ぐ『ワンダフル・タウン Wonderful Town』（195

3年）で、再びニューヨークの街の活気を描き出した。演出はアボット。ロビンズも実質、参加したが名前はクレジットされていない。

仕事を探しにオハイオ州から都会に出てきた姉妹の波乱に富んだ新生活をつづる。作家志望の姉ルースは小説を売り込もうと奔走し、女優を目指す可愛らしい妹アイリーンは男たちに言い寄られて困惑気味。ある日、ルースは新聞社から、ブラジル海軍士官候補生七人を取材する仕事をもらって、上陸まもない彼らに会う。しかし言葉が通じず、インタヴューは惨憺たる始末。さらにコンガが大好きな七人をアパートまで踊りながら引き連れてきてしまい、アイリーンに男たちが群がって大騒動が持ち上がる。これが警察沙汰となってアイリーンは逮捕される。しかし、この禍が福と転じ、有名になった姉妹に幸運が舞い込む……。

殺風景な部屋に引っ越した心細い夜、故郷を偲んで姉妹がデュエットする「オハイオ」が美しいハーモニーをたたえる。アイリーンのバラード「ちょっとだけ恋」と、ルースに惚れた雑誌編集長ロバートらが歌う「イッツ・ラヴ」がメロディアスな佳曲。ルースがブラジル人を率いて踊る「コンガ！」が狂騒的な一場を形成する。559公演。

作詞家アラン・ジェイ・ラーナーと作曲家フレデリック・ロウのコンビは、三作目の『ブリガドゥーン Brigadoon』（1947年）が初のヒット作となった。都会に暮らす現代人が遭遇する幻想的な桃源郷を描いたファンタジーだ。

ニューヨーカーのトミーは婚約者と喧嘩した腹いせに、友人を誘ってスコットランドに旅する。

二人はハイランド地方を旅行中、百年に一度だけ出現する伝説の村ブリガドゥーンに迷い込む。そこでは通貨も通用せず、立ち往生しているとフィオナという娘が親切にしてくれ、トミーと彼女は惹かれ合う。やがて村の秘密を知り、よそ者でも村の誰かを真剣に愛すればここに残れることがわかる。夕暮れが近づいて村が消えかかり、トミーはフィオナに後ろ髪を引かれながら帰途につく。けれども、ニューヨークで婚約者と再会しても虚しいばかり。彼は再びスコットランドへと旅立つ……。

トミーとフィオナのデュエット「恋をしたみたい」がスタンダード・ナンバーとなり、多くのカヴァーを生んだ。アグネス・デ・ミル振付によるバレエ「剣の舞」「葬儀の踊り」が評判を呼び、創設されたばかりのトニー賞（1947年）の振付賞を受けた。581公演。

都会のおとぎ話『ガイズ・アンド・ドールズ』

作詞と作曲の両方を手掛けるフランク・レッサーは、歌手を経てハリウッドで作詞の仕事をしていたが、『チャーリーはどこ？ Where's Charley?』（1948年）のヒット（792公演）でミュージカル界に頭角を現した。オックスフォードの学生が、家の躾が厳しい娘に会うために叔母に女装して接触し、大混乱を招く喜劇。チャーリーが歌う「エイミーと一度恋したら」がショー・ストッパーとなった。

レッサーの代表作『ガイズ・アンド・ドールズ Guys and Dolls』（1950年）は「ブロードウ

ェイの音楽寓話劇」と銘打たれ、ミスマッチな男女の恋愛を描いた都会のおとぎ話だ。この作品は元々、不釣り合いなカップルをロマンティックに描く可能性を開いた『南太平洋』に触発されたプロデューサーが、賭博師と美人伝道師との恋愛をつづるデイモン・ラニヤンの短編小説「ミス・サラ・ブラウンのおはなし」のミュージカル化を思い立ったことに始まる。だが脚本家を11人も登用したものの誰もうまく書けず、その間にロマンス路線はコメディへと転戦を強いられた。最終的に、ラジオで活躍していたコメディ作家エイブ・バローズが起用された時には、レッサーの曲はすべて出来上がっていた。そのため、楽曲が先にあり、それに合わせて台本が書かれるという稀有な創作過程を辿った。ジョージ・S・コーフマン演出、マイケル・キッド振付。

現代のマンハッタン。違法なサイコロ賭博の手配師ネイサンは、ナイトクラブの踊り子アデレイドと14年間も婚約したままで、一向にそれを履行する気配を見せず、ヤミの賭場探しに腐心している。折しも、なんでも賭け事にしてしまう大物の賭博師スカイが街に現れ、ネイサンが彼に賭けを仕掛ける。次に路上に現れる女性を口説いて、キューバのハヴァナへ連れてゆけるかどうか。色男のスカイは自信たっぷりに、これに応じる。ところが、あたかも通りかかったのは救世軍の伝道師たちで、ネイサンはその中からお堅い軍曹サラを指名する。スカイは嵌められたと気付くが後の祭り。

魂の救済を願うサラは、ブロードウェイには罪人がごまんと溢れている（!）にもかかわらず、伝道所の成績が振るわずに苛ついている。そこへ訪れたスカイは、次の集会に多くの罪人を連れてくるという条件と引き換えに、自分と食事をする約束を取り付ける。食事の場所がハヴァナと聞いて、サラは一旦これを拒否。だが、成績不振を理由に伝道所の閉鎖が通知されたところにスカイが再び現れ、明日の集会に一ダースの罪人を連れてくると約束する。やむなくハヴァナに同行したサラはキューバ・ラムのカクテルに酔って開放的になり、スカイに恋心を告げる。ところが、早朝のニューヨークに戻ってみると、空っぽの伝道所でネイサンらが賭場を開帳しており、そのために騙したのだとサラは誤解してスカイを突き放す。

その日、シカゴから来た凶暴な賭博師がネイサンの賭場でいっかな勝負をやめないと聞いたスカイは、下水道で開帳されていた賭場にかけつけ、一世一代の賭けに出る。彼が負けたら全員に千ドルずつ払うが、勝ったらこぞって伝道所の集会に参列する、というものだ。結局、強運のスカイが勝って夜の伝道所には罪人らが溢れ、ふた組のカップルも成就する……。

このミュージカルはブロードウェイという身近な場所を舞台としながら、現実にはあり得ない出来事を描いている。男たち（ガイズ）はみな賭博という不真面目な行為に真面目に血道を上げているし、女たち（ドールズ）は魂の救済や結婚といったことに熱を上げている。それぞれにすこぶる熱心だが、その熱心の方向が甚だしく違う。その男女が歌とダンスと一連の出来事を経て、結びついてしまうあたりに痛快な喜劇性がある。

優れた見せ場が、2幕に二つある。一つは下水道でスカイと賭博師たちが歌う「運命よ、淑女であれ」で、賭博そのものを歌とダンスで表現して秀逸。もう一つ、伝道所を埋めた賭博師らが合唱する「座れ、ボートが揺れるぞ」は、ゴスペルを模した楽曲で無頼な賭博師らが懺悔するズレが面白い。楽曲は粒揃いで、代表曲の欄に全曲を並べている事典もある。ハヴァナでのデートで恋心が芽生えたサラが歌う「もし私が鐘だったら」、スカイとサラのラヴ・デュエット「これまで恋したことがなかった」、落胆したサラを祖父が慰める「これ以上お前に望めない」がメロディアスな佳曲。ほかにも主題歌「ガイズ・アンド・ドールズ」など快調な楽曲が揃う。

ことに「アデレイドの嘆き」が傑作なナンバーだ。婚約後14年間も放っておかれているアデレイドはそのせいで体調を崩し、医者から借りた本を読む。その朗読をそのまま歌にしたもので、歌詞は医学用語の羅列だ。だが、この歌は本質的には早く結婚したい思いを表現したものであり、難解な専門用語の朗読をラヴ・ソングに仕立てているのだ。

公演は1200回のロングランを重ねた。アデレイドがショーの場面で歌う「1ブッシェル1ペック」がヒットしたが、どの曲もスタンダード・ナンバーにはなっていない。ポップス志向よりも、劇全体に寄与する楽曲構成が優れたミュージカルと言える。

1955年の映画化では、マーロン・ブランド、フランク・シナトラらが出演した。この映画版は評価が高いが、サラとアデレイドのデュエット「今日あの人と結婚なさい」など数曲がカットされている。

讃歌「ショーほど素敵な商売はない」

こうした新鋭の活躍の一方で、ヴェテラン作詞・作曲家が最高傑作を生み出した。

もっぱらレヴューで活躍していたアーヴィング・バーリンが作詞・作曲した『アニーよ、銃をとれ Annie Get Your Gun』（１９４６年）は１１４７回のロングランを果たし、彼の作品で最多の公演を記録した。１８８０年代から人気を博したバッファロー・ビル一座の「ワイルド・ウエスト・ショー」（西部劇の世界を野外で演じる見世物）に材を取ったもので、射撃の名手アニー・オークリーら実在の人物を登場させている。

バッファロー・ビル一座がオハイオ州シンシナティを訪れる。名射手で鳴らす一座の花形フランク・バトラーは、女にかけても凄腕であると豪語する。彼らが宿をとったホテルに、無教養の山出しだが射撃の達人であるアニー・オークリーが獲物の野鳥を売りに来る。その腕を認めたホテルのオーナーに勧められて、アニーはフランクとの射撃競争に応募する。

アニーはフランクに一目惚れするものの、射撃で競り勝つ。座長のビルたちは「ショーほど素敵な商売はない」を歌ってショー・ビジネスの魅力をアピール、アニーを一座に勧誘する。フランク目当てでアニーは快諾する。巡業中、フランクも可愛いアニーを好きになるが、彼女はアクロバティックな射撃を得意技としてフランクのお株を奪うようになっており、嫉妬と憤慨からフランクは他の一座に移籍する。

ヨーロッパ巡業を経て、アニーはフランクと久々に再会。互いに思いを募らせていたものの、射撃の腕前の話になると意地を張り合っていさかいになり、実際に腕比べしてケリをつけることにする。対決では、アニーは〈女は二番目でいい〉という助言を容れて、あえて的を外してフランクに勝ちを譲り、二人は晴れて結ばれる……。

女性が男性を立てることで円満解決をみる結末には、フェミニズムの観点から批判がある。一方で、アニーはすべて飲み込んだ上で芝居をして欲しいものを手に入れたわけで、アニーの方が一枚上手である、との反論もある。女性振付師のグラシエラ・ダニエルが演出した１９９９年のリヴァイヴァル版（１０４５公演）では、ポリティカル・コレクトネスに配慮して結末を変更。アニーの意図を察したフランクもまた的を外し続け、対等な男女として結ばれる、という具合に改訂していた。この作品は、ヒロインがさまざまな体験を経て成長してゆくのと共に、男の方も変わってゆく成長物語でもある。

代表曲「ショーほど素敵な商売はない」は作品を超えて、ショー・ビジネス讃歌の代名詞となった。だが、もっぱら脇役が歌う合唱曲であったせいか、初演年に発売されたレコードには含まれていない。最初に有名になった曲は、アニーが自然児ぶりを誇示する「気ままな暮らし」だった。このミュージカルからは計８曲もがレコードとして発売された。他の６曲は――フランクに一目惚れしたアニーが歌う「銃では男は捕えられない」。互いに心寄せるようになったアニーとフランクのバラード「素晴らしいと人は言う」。移動する汽車の中で、アニーが子供たちを寝かしつける「月光のララバイ」。インディアンになる儀式を受けたアニーが歌う「私もインディアン」。経済的に窮したアニーが自らを鼓舞する「私には朝日がある」。腕比べを前に、アニーとフランクが歌で競い合うデュエット「あなたができることは何でも」。――舞台を弾ませるリズミカルなナンバーが多い。

企画したのは脚本家のハーバード・フィールズとドロシー・フィールズの兄妹で、当初は作詞家でもあったドロシーが作詞を、作曲はジェローム・カーンが担当する予定だったが、カーンが急死したため、代わってバーリンが作詞・作曲とも担当することになった。

主役のエセル・マーマンが美声を響かせて当たり役となり、１９６６年の再演でも主演した。再演にあたって新曲「昔ながらの結婚式」が加えられ、新たな代表曲となった。

バーリンがマーマンのために書いた2作目『マダムと呼んで Call Me Madam』（１９５０年）は、トルーマン大統領が大物パーティー主催者をルクセンブルク大使に任命したというニュースにヒントを受けた風刺的コメディだ。

社交界の花サリーは小さな公国の大使に任命され、ケネスという優秀な外交官が補佐官として随行する。ところが、サリーは公国の外務大臣に恋して勝手な振る舞いをしたことから混乱を招き、ケネスはケネスで公国の王女に恋をしてしまう。その騒動と恋の顚末をおもしろおかしく描いた。

サリーとケネスがデュエットする「恋している最中」は、１番はケネスが32小節のメロディを歌い、２番でサリーが異なるメロディの32小節を歌い、３番はそれぞれのパートを同時に歌って対位法的な二重唱になるという趣向を盛り、ショー・ストッパーとなった。６４４公演。トニー賞では楽曲賞、主演女優賞を受けた。

初のトニー賞作品賞『キス・ミー、ケイト』

コール・ポーターは順風満帆の芸術家人生を送っていたが、あるとき落馬事故で片脚に大怪我を負った。脚の切断を避けるために長期間にわたって36回にも及ぶ手術に耐えたが、やがて切断を余儀なくされた。その間、痛みが去来しない時はなかった。そういった不遇の晩年に生み出された傑作が『キス・ミー、ケイト Kiss Me, Kate』（1948年）である。

この作品は、シェイクスピアの戯曲『じゃじゃ馬ならし』に材を取っているが、同作のミュージカル化とはちょっと違う。『じゃじゃ馬ならし』を上演している役者たちの人間模様を、その劇中劇「じゃじゃ馬ならし」と重ねて描いたものだ。役者たちの人間関係が、劇中劇に負けず劣らず対決的な様相を呈し、現実のもつれが劇中劇を侵食してゆく。

『じゃじゃ馬ならし』は、手の付けられない「じゃじゃ馬」娘を求愛者が調教して、飼い慣らしてしまうという話だ。パデュアの資産家には二人の娘がおり、妹ビアンカは可愛らしい娘なので求愛者が絶えない。しかし父親は、猛女の姉キャタリーナ（愛称はケイト）が片付かないうちは、妹を嫁にやらないと宣言。あたかもヴェローナからペトルーキオというマッチョな自信家が裕福な嫁探しに訪れ、ビアンカに言い寄っていた男たちは歓待する。彼は強引な手段でキャタリーナをねじ伏せ、ついには結婚する。他方、ピサからやって来た男ルーセンチオが、他の求婚者を出し抜いてビアンカと結婚してしまう。結婚後は、姉のキャタリーナは淑女に変わり、妹のビアンカがじゃじゃ馬と化す。

『キス・ミー、ケイト』は、ボルティモアの劇場でミュージカル版「じゃじゃ馬ならし」の通し稽古が終わった局面から始まる。ペトルーキオを演じる座長のフレッドと、キャタリーナに扮するリリーは1年前に別れたばかりの元夫婦で、いまだに意地を張り合っている。ビアンカを演じるロイスと、ルーセンチオ役のビルは恋人同士だが、ビルの賭博癖が治らずもめてばかりいる。今日も大敗を喫したビルは、勝手にフレッドの署名をした借用書をギャングに渡してきたという。まもなく二人組のギャングが借金取立てに来る。

フレッドは若いロイスを口説こうとしており、花束を贈ろうとするものの、手違いでリリーの楽屋に届いてしまう。花束にはロイスに宛てたカードが添えられていたが、リリーは読むのを後回しにし、フレッドがまだ自分を思ってくれていると勘違いして感激する。

劇中劇の「じゃじゃ馬ならし」が始まる。いくつかの楽曲は、シェイクスピアの台詞を取り込んだミュージカル・ナンバーとなっている。キャタリーナが「男は嫌い」を歌って退場し、求愛するペトルーキオが麗しきセレナーデを歌う。すると、舞台から捌《は》けたキャタリーナが場違いの登場をし——と言うか、素のリリーが勝手に舞台に上がり、もらった花束をペトルーキオ＝フレッドに投げつける。リリーは添付カードを読んでフレッドの真意を知ったのだ。こうして舞台上のいさかいと、現実のいさかいが二重写しになる。

立腹したリリーは〈舞台を降りる〉とフレッドに言い放つ。そこへギャングらが再び取立てに来る。フレッドはそれを利用して、ヒロインが降板しては借金が返せないとギャングらを唆し、彼らはリリーの足止めに協力する。劇中劇は進み、結婚したキャタリーナは折伏させられる。一方、ギャングがボスに電話すると、ボスは消されており、借用書も意味のないものになっていた。舞台は大団円を迎え、現実のフレッドとリリーはよりを戻し、波乱含みだったビルとロイスも元の鞘に収まり、ハッピーエンドを迎える……。

このミュージカルは、現実の人間関係が舞台上の演技に影響を及ぼし、かつ劇の内容が役者たちの関係に還元されるという知的な相互作用を帯びている。劇中劇の歌は、本来とはズレた意味を伴って現実を照射する仕掛けになっている。それによって、もともと男尊女卑の古めかしい物語であった『じゃじゃ馬ならし』を、現代の作品として相対化したのだ。

最も有名なナンバーは、花束を受け取ったリリーが歌うラヴ・ソング「ソー・イン・ラヴ」で、屈指の美しいバラードだ。その前の場、隣り合わせた楽屋でフレッドとリリーが、蜜月の往時をいとおしく懐古する「ヴァンダバー」も有名。ロイスが二人の男の前で浮気性を糊塗する「私なりにいつも誠実」は軽快でユーモラスな佳曲。2幕の冒頭、休憩中の役者たちが、状況の苛立ちを象徴して歌う「クソ暑い」はジャズ風の洒落たナンバーだ。大詰めの直前、脇役であるギャングたちが歌う「シェイクスピアをブラッシュ・アップしろ」が一服の気分転換を催す。ストーリーが収束しかけたところで、こういったコミック・リリーフをはさむ洒落た趣向を、ポーターは『パナマ・ハッティー Panama Hattie』（1940年）でも採り入れている。主題歌「キス・ミー、ケイト」は、1幕の終わりでは結婚を迫るペトルーキオがキャタリーナに鞭を向けながら歌う闘争の歌だが、フィナーレでリプリーズする際には和解の歌へと、意味が変じている。

なお、全米で最高の栄誉とされる演劇賞のトニー賞が1947年に創設され、2年後にミュージカル部門が設けられた。『キス・ミー、ケイト』は、記念すべき第1回（1949年）の「ベスト・ミュージカル（以下、作品賞と表記）」に輝いた。公演は1077回のロングランを記録した。

ポーターが作詞・作曲した次のヒット作『カンカン Can-Can』（1953年）は892公演を重

ねた。彼のブロードウェイ最後の作品となった『絹の靴下 Silk Stockings』（1955年）は、グレタ・ガルボ主演の映画『ニノチカ』をミュージカル化したもの。478公演。

◇1940年代後半のミュージカルで他に主要な作品

•『フィニアンの虹 Finian's Rainbow』（1947年）バートン・レイン作曲、E・Y・ハーバーグ作詞。三つの願いを叶える魔法の壺をめぐる妖精伝説を現代の経済問題に重ねた。725公演。

•『ハイ・ボタン・シューズ High Button Shoes』（1947年）ジュリー・スタイン作曲、サミー・カーン作詞。ポルカ「パパ、私と踊って」がショー・ストッパーとなった。727公演。

•『紳士は金髪がお好き Gentlemen Prefer Blondes』（1949年）ジュリー・スタイン作曲、リオ・ロビン作詞。著名な曲に「ダイヤモンドは女の最高の友」がある。740公演。

8.

名作の時代

マイ・フェア・レディ
ウエスト・サイド・ストーリー
ザ・ミュージック・マン
サウンド・オブ・ミュージック
ジプシー

ミュージカル映画の人気ベスト3はと言えば、おそらくは『マイ・フェア・レディ』『サウンド・オブ・ミュージック』『ウエスト・サイド物語』といったところではないか。むろん、人によっては異論があるだろうが、ここではこの選択の妥当性を論じるのが目的ではない。少なくとも、この3作は世界中で幅広い世代に長らく愛されてきたし、映画としても非常によい出来であることは間違いない。

この3作のブロードウェイ・オリジナル版は、実はごく数年内のほぼ同時期に初演されている。しかしその当時、3作に対する評価はだいぶ異なるものであった。

歴史的名作『マイ・フェア・レディ』

アラン・ジェイ・ラーナー作詞・台本、フレデリック・ロウ作曲の『マイ・フェア・レディ My Fair Lady』（1956年）が歴史的な名作であることは、同時代でも異論の余地がなかった。『オクラホマ！』を抜いて、史上最多となる2717回のロングラン記録を樹立し、トニー賞も作品賞を含め6部門を受けた。

バーナード・ショーのシニカルな戯曲『ピグマリオン』（1913年ウィーン初演）を原作とし、ロンドンの貧しい花売り娘イライザが音声学者ヘンリー・ヒギンズの発音指導を受けて、上品な英語を話す淑女に変身するシンデレラ・ストーリーだ。

重要なポイントとして、発音を問題とする物語を歌に乗せた点が優れている。英国では中・上流階級と労働者階級とでは話す言葉がだいぶ異なっており、後者はロンドン下町訛り（コックニー）と呼ばれる発音をする。その典型的な特徴としては、①「H」を発音しない、②母音「エイ」を「アイ」と発音する、の二つが挙げられる。従って、コックニーでは、「ヘンリー・ヒギンズ」は「エンリー・イギンズ」となる＝①。また、ロンドンの「メイフェア」地区は高級住宅街であり、ここに住む淑女は「マイフェア・ライディ（レディ）」となる＝②。もちろん、こうしたネーミングとタイトルは、言葉遊びとして仕掛けられたものだ。

20世紀初頭のロンドン。青果市場とオペラハウスを構えるコヴェント・ガーデンは労働者階級と上流階級の交点だ。そこで花売りをしているイライザは土砂降りの夜、音声学者ヒギンズと遭遇し、その下町訛りを研究のサンプルにされた挙句に、〈汚い発音〉だと罵倒される。しかし、〈自分の許で発音を勉強すれば、上流階級の英語を話せるようになる〉というヒギンズ教授の一言が耳から離れないイライザは、温かい暮らしを夢見て愛らしいナンバー「素敵じゃない？」を歌い、翌日、彼の門を叩く。上品な言葉を身につけたら、街の花屋の店員にだってなれる。言語の習得は階級の上昇に直結するという現実が、いささか荒唐無稽な設定に一定のリアリティを与えている。

発音矯正は難儀を極めたが、ある夜イライザは、エイ音を多数含む早口言葉のような例文「The Rain in Spain Stays Mainly in the Plain」を見事にマスターする。このフレーズを歌にしたのが「スペインの雨」で、発音の例文を歌にする趣向が卓抜だ。また、天気に関する文章である点が、のちへの伏線になっている。イライザは正しい英語を話せた喜びと興奮から代表曲「踊り明かせたのに」を小躍りして歌う（この原語タイトルは仮定法過去完了であり、流通している和訳「踊り明かそう」は誤訳である）。

さて実戦で腕試しとばかり、ヒギンズ教授はイライザを伴って上流階級の社交場であるアスコット競馬場に行く。そこでは英国人の常として天気の話題が交わされており、イライザは大真面目に「スペインの雨」のくだりを披瀝する。途中まではなんとか淑女を演じていたものの、レースが始まると熱くなって馬脚を露《あらわ》す。ただし、ここで出会った没落貴族のフレディ（冒頭のコヴェント・ガーデンでぶつかった男）がイライザに惚れ込む。彼はイライザの住まうヒギンズ邸の前で、名曲「君住む街で」を朗々と歌い上げる。

六週間後、発音とマナーに磨きをかけたイライザは大使館の舞踏会に出かける。そこにはヒギンズ教授の弟子だったたずる賢い言語学者も目を光らせていたが、イライザは見事に淑女を演じきった。ところが、帰宅するとヒギンズのみが成功を讃えられ、無視されたイライザは怒って家を飛び出す。家の前ではフレディが相変わらず「君住む街で」を歌っており、彼女に愛を告げようとする。

いつしかイライザに惚れていたヒギンズ教授は、彼女の出奔に取り乱す。母親のヒギンズ夫人を訪ねると、そこにはイライザがいた（二人はアスコット競馬場で知り合いになっている）。ヒギンズ教授はイライザを恩知らずとなじるが、イライザはフレディと結婚すると言い放ち、二人は対等の議論を交わす。ヒギンズは憮然として帰宅し、「彼女の顔に慣れてしまった（彼女の顔が忘れられない)」という曲を歌う。けれども書斎で、かつて録音したイライザの声を聞いていると彼女が姿を現し、二人が結ばれることが暗示される……。

傑作な脇役として、イライザの父親アルフレッドが登場する。彼は娘が豪邸に移り住んだのを聞きつけ、ヒギンズ教授をゆすろうとしてあえなく失敗する。ただし教授は彼に弁論の才を見出し、アメリカの大富豪から依頼されていた道徳についての講演の代役に、冗談のつもりでアルフレッドを推薦する。ところがこの大富豪がまもなく死に、その遺言によって莫大な遺産が彼の許に転がり込む。そのために彼は中産階級の道徳に縛られるようになり、同棲していた女性とも結婚するはめになった。いわゆる年貢の納めどきである。この皮肉に富んだ脇役の出世は、本筋と好対照になっている。アルフレッドが歌う2曲「運が良けりゃ」「時間までに教会に」はいずれも名曲でスタンダード・ナンバーとなった。

階級格差を消す思考実験

このミュージカルはシンデレラ・ストーリーであるが、通常のそれとは一味違う。イライザは淑女の言葉遣いとマナーを習得するのと同時に、言語と相応の思考力と自立心をも身に付ける。イライザの歌が、最初は単純であったのが後半は複雑になってゆくのも、ミュージカルならではの巧みな趣向だ。一方、イライザの成長と共に、偏屈な堅物であったヒギンズ教授もまた変わってゆく。成長の相互作用がこの物語の秀逸な点だ。さらに、その物語を彩る楽曲が名品。とりわけ、右記で取り上げた7曲は屈指の素晴らしいナンバーである。

ヒギンズ教授は、なぜ「正しい英語」を話さないのかと憤る横柄で独善的な男だが、他人の片言を聞くだけでその出身地がわかる特技を持っている。こうしたことは可能なのか、疑問を誘発するであろう。だがこれは、むろん誇張があるものの、あながち絵空事でもないようだ。情報機関で働く英国人に聞いた話だが、第二次世界大戦中、敵国にスパイを放つ際、スパイはどこの出身でどの大学を卒業したか経歴を定めてその方言や喋り方の特徴を習得したという。なんらかの組織に潜り込むのに出身地や出身校を名乗らないわけにはゆかず、訛りが変だったら、たちどころに正体がばれて処刑されてしまうからだ。

原作を書いたショーには、言葉の違いさえなくなれば階級格差など消滅してしまうだろうとの理念があった。その思考実験を具現化する状況を設定するために、強引でエキセントリックなヒギンズ教授というキャラクターを必要とした。

『マイ・フェア・レディ』のストーリーは原作の『ピグマリオン』にほぼ忠実だが、結末が異なっている。原作では、イライザはヒギンズ教授ではなくフレディと結婚するが、ただし、落ちぶれた貴族のフレディには甲斐性がなくて不幸になる、との顚末が付されている。だがミュージカルでは、観客の期待通りに主役二人が結ばれるハッピーエンドを用意した。そのために二枚目の脇役フレディの存在が中途半端になった。「君住む街で」を歌って派手に存在感を示したわりには、そののち物語を動かす役割をなんら果たしていない。『マイ・フェア・レディ』のような傑作にもいびつな点が見られるのだ。しかしながら、フレディは屈指の名曲である「君住む街で」

『マイ・フェア・レディ』初演舞台（1956年）。イライザを演じるジュリー・アンドリュース（中央）とヒギンズ教授役のレックス・ハリソン（その右）（Photofest／アフロ）

を歌うためだけにでも、登場する意味がある。この曲があるとないとでは、作品の魅力が格段に異なっていたであろう。

イライザを演じたのは、今日では映画『サウンド・オブ・ミュージック』で知られるジュリー・アンドリュース。英国人の彼女は、ロンドンでヒットしたミュージカル『ボーイ・フレンド The Boy Friend』のブロードウェイ版（1954年）でデビューを果たし、『マイ・フェア・レディ』の主役に抜擢された。ヒギンズ教授に扮したレックス・ハリソンは名優だが歌は上手くなく、そのため彼のパートはしゃべるような歌い方に工夫してある。これは現代のラップを先取りしたものと言えるかもしれない。

ラーナーとロウは2年後、ミュージカル映画『ジジ Gigi』（邦題『恋の手ほどき』）の作詞・作曲を手掛けた。パリの無邪気な少女が淑女教育を受けて社交界にデビューする話で、『マイ・

フェア・レディ』と同工異曲と言える。１９７３年になって舞台化された。代表曲に「シャンパンを発明した夜」がある。74年のトニー賞楽曲賞。

評価が今一つだった『ウエスト・サイド・ストーリー』

作曲家のレナード・バーンスタインと振付師ジェローム・ロビンズが再び組んだ『ウエスト・サイド・ストーリー West Side Story』（１９５７年）は、シェイクスピアの『ロミオとジュリエット』の舞台を現代のニューヨークに置き換えたものだ。このアイデアはロビンズによるものだった。アーサー・ローレンツ台本、スティーヴン・ソンドハイム作詞。

当初は、イースト・サイドでの不良グループの抗争を背景に、ユダヤ人青年とカトリックの娘の恋を描く構想で『イースト・サイド・ストーリー』と題されていた。しかし、クリエイティヴ・スタッフの多忙により製作が6年も遅延するうちに状況が変化し、現実に合わなくなった。そこで、プエルトリコ系の急増によりトラブルが多発するウエスト・サイドへと舞台を移し、ポーランド系移民とプエルトリコ移民の抗争に設定を変更して、現在のタイトルになった。

アメリカ社会のマイノリティとして疎外されている、ポーランド系の「ジェット団」とプエルトリコ系の「シャーク団」は路上でバトルを繰り返し、警察から目を付けられている。主人公トニーはかつてジェット団のリーダーだったが今は足を洗い、ドラッグ・ストアで働いている。高校のダンス・パーティーでトニーは、敵対するシャーク団のボス、ベルナルドの妹マリアと図らずも恋に落ちる。トニーはその夜、マリアの住む部屋の非常階段を訪ね、二人は愛を確かめ合う。

言わずもがなではあるが、『ロミオとジュリエット』におけるモンタギュー家とキャピュレット家の確執を、ジェット団とシャーク団の対立に置き換えたものだ。モンタギュー家の跡取りロミオがトニー、キャピュレット家の娘ジュリエットはマリアとなっている。ジュリエットの母の甥ティボルトに相当するのが、マリアの兄ベルナルド。ロミオの親友マキューシオに当たるのが、ジェット団の現リーダーのリフだ。ロミオとジュリエットが愛の囁きを交わす有名なバルコニーのシーンを、非常階段での逢引に置き換えるなど、場面も巧みに翻案されている。

翌日、マリアが働くブライダル・ショップで彼女とトニーは密かに結婚式の予行練習をする。一方、ジェット団とシャーク団は敵対を深め、今夜、戦いの火蓋を切ろうとしている。マリアはトニーに決闘を止めさせるように頼む。これが仇となり、駆けつけたトニーが仲裁に入ったところ、ベルナルドが隙をついてリフを刺す。逆上したトニーもリフのナイフでベルナルドを刺殺してしまう。逃げたトニーはマリアと共に旅立とうとするが……。

結末は原作と異なっている。シェイクスピアはロミオとジュリエットを共に葬ったが、『ウエスト・サイド・ストーリー』ではトニーのみがシャーク団の一人に撃たれて死ぬ。終幕では、トニーの亡骸に抱きついたマリアが、不毛な争いを激しく非難し、両グループの若者たちが一緒にトニーの遺体を担ぎ上げて退場する。

悲劇的な物語を運ぶ楽曲が、珠玉の名曲ぞろいだ。マリアと出会ったトニーが夢見心地で名を連呼する「マリア」、非常階段のシーンでトニーとマリアがデュエットする「トゥナイト」、二人が結婚式の真似事をする「ワン・ハンド、ワン・ハート」、決闘で死者が出たとも知らずにマリアが恋心を披瀝する「アイ・フィール・プリティ」が、美しいメロディラインの輝きを放つ。ことに「トゥナイト」は、決闘を前に五重唱としてリプリーズされる重要なナンバー。深夜の再会を心待ちにするトニーとマリア、決闘を前に息を弾ませるジェット団とシャーク団、ベルナルドの恋人アニータの五者がそれぞれに〈今夜こそ〉と、高まる思いを交錯させる「トゥナイト（クインテット）」の趣向が秀逸だ。

アニータらプエルトリコ系の女性たちが渡米に託した夢を語る「アメリカ」、巡査の尋問をかわしたジェット団の若者たちが、不良になったのは社会のせいだと合唱するユーモラスな「クラプキ巡査」なども優れた佳曲だ。リフとジェット団が歌う「クール」はモダン・ジャズ風で粋なナンバー。トニーが兄を殺したと聞かされたマリアの許に当のトニーが訪れ、絶望的な状況の中で、敵味方なく平和に仲良く暮らせる〈どこか〉へと夢想をはせる「サムホェア」は、オフ・ステージで女性ソプラノがしっとりと歌う。この曲は、トニーが亡くなったフィナーレでしみじみとリプリーズされ、深い余韻をもたらす。

またロビンズが振付したダンスにも見所が多い（ピーター・ジェナーロ共同振付）。オープニングで、ジェット団とシャーク団とが路上を徘徊し、抗争するアクションをフィンガー・スナップとダイナミックなダンスで表現した点がまず斬新だった。ロビンズは身体の動きを誇張して、そのまま振りにしたのである。トニーとマリアが出会う「体育館でのダンス」や、ラテン調の「アメリカ」の群舞も迫力満点だ。理想のどこかへ思いをはせる「サムホェア」は、バレエ・シーンとして彼岸的に提示される。

このように物語も歌もダンスも秀でた舞台だったが、当時はそれほど格別の評価を得られたわけではなかった。興行的には732公演でクローズとなり、その時代ではスマッシュ・ヒットといった程度。トニー賞は振付と装置の2部門のみの受賞で、主要部門は獲得できなかった。ミュージカルはもともとミュージカル・コメディから始まっており、主人公が殺される衝撃的な悲劇には観客はまだ慣れ親しんでいなかった。さらにクラシックの技法を取り入れたバーンスタインの音楽も、真価が理解されるまでにはいささかの時間を要した。

『ザ・ミュージック・マン』が凌駕

その上、同時期に上演された『ザ・ミュージック・マン The Music Man』（1957年）が大評判を呼んだあおりを食らった面も否めない。こちらの方は典型的なミュージカル・コメディで、1375回のロングランを重ね、トニー賞も作品賞など6部門をさらっている。新鋭のメルディス・ウィルスン作曲・作詞・台本。

楽譜も読めないのに音楽教授を騙り、演奏を教えると持ちかけて数々の楽器とブラスバンドの制服を売りつけては姿をくらます詐欺師を描く。1912年、アイオワ州の田舎町リヴァー・シティを訪れたハロルド・ヒル教授は町の人々を集め、少年ブラスバンドの結成を提言、首尾よく楽器と制服を売りさばいた。ところが、図書館司書で子供たちにピアノを教えているマリアンはヒル教授に疑念を抱く。そこでヒルはマリアンを丸め込もうと彼女を口説く。純真なマリアンは次第にヒルに心を寄せるようになる。

注文した楽器と制服が届き、そろそろ潮時かとヒルが考えた矢先、マリアンは彼の身分詐称を証明する教育年鑑を見つける。しかし、彼女の引っ込み思案な弟が楽器に夢中になっている姿を見て、告発をやめる。彼女の愛情にほだされたヒルは、ブラスバンド育成に真剣に取り組む。やがて敢行されたブラスバンドのパレードはお粗末な出来だったが、その懸命な演奏に人々は感動し、ヒルとマリアンは結ばれる……。

古き佳き時代の田舎町を舞台とし、笑いと涙を誘う牧歌的な物語であったことがまず大衆受けした。さらにウィルスンの楽曲は吹奏楽の高揚感に富み、キャッチーなメロディに溢れていた。巨大なパレードを想起する「76本のトロンボーン」が代表曲だが、ほかにも綺麗な曲が多い。マリアンの歌う「おやすみ、私の誰かさん」と「私の白馬の騎士」がメロディアスなバラード。マリアンとヒルがデュエットする「あなたと会うまでは（ティル・ゼア・ワズ・ユー）」は、ザ・ビートルズがカヴァーを出したことでさらに有名になった。ヒルの歌う「可哀想だが賢い娘」が軽快な佳曲。ハーモニーの美しいアカペラ・カルテットも随所に挿入され、その一つ「ライダ・ローズ」には途中からマリアンの歌が重ねられる趣向だ。冒頭、揺れる列車のリズムに乗せてセールスマンらが歌う「ロック・アイランド」と、序盤でヒルが歌う「トラブル」はいずれもしゃべるような歌唱で、これもラップを先取りしていると言えよう。

こうした楽曲の魅力も相まって、『ザ・ミュージック・マン』は同時代の評価としては『ウエスト・サイド・ストーリー』を凌駕した。『ウエスト・サイド・ストーリー』が名作の仲間入りをしたのは、ロビンズが自らメガホンをとった映画（邦題『ウエスト・サイド物語』、ロバート・ワイズ共同監督）が1961年に公開されて以降のことだった。

歌う家族『サウンド・オブ・ミュージック』

リチャード・ロジャース作曲、オスカー・ハマースタイン作詞による『サウンド・オブ・ミュージック The Sound of Music』（1959年）は、マリア・フォン・トラップの自伝『トラップ・ファミリー合唱団』とそれに基づくドイツ映画『菩提樹』を原作としている。ナチの軍靴の音が高まりつつある1938年のオーストリア・ザルツブルクが舞台だ。

修道女の訓練生マリアは歌が大好きな自由奔放な女性で、まじめな同僚の顰蹙を買っている。修道院長はマリアのためを思い、妻に先立たれた裕福なジョージ・フォン・トラップ大佐の子供たちを世話する家庭教師として送り出す。トラップ大佐は妻の死後、七人の子供たちに軍隊のような厳格な躾を施し、歌を封印していた。しかし、マリアは子供たちを自由自在に遊ばせたり、音楽を教えてやったりする。当初はこわばっていた子供たちは次第にマリアに心を開き始める。大佐はマリアの教育方法を認めず、一旦はマリアにクビを言い渡すが、子供たちの素晴らしい合唱を聴いて、認識を改める。

一方、大佐にはエルザという婚約者がいた。大佐に恋心を抱き始めたマリアは、二人の婚約を知らされ、心を乱したまま何も告げずに修道院に帰ってしまう。しかし、修道院長に「すべての山に登れ」と諭され、トラップ家に舞い戻る。その頃、ナチには妥協的に同調すべきだと考えるエルザと、断じて与《くみ》すまいとの信念を曲げない大佐は折り合えず、婚約を解消する。そして子供たちの期待通りに、マリアと大佐は結婚する。

新婚旅行から帰ってきた日、ナチス・ドイツに併合された「第三帝国」から大佐に召集令状が届く。だが、大佐の親友マックスが主催する音楽祭に家族合唱団として出演することになっていた一家は、音楽祭で見事な歌を披露し、授賞式の間隙を縫って亡命する……。

このミュージカルには、綺羅星のごとく美しい名曲が詰まっている。最初にマリアが高原で伸び伸びと歌い上げる主題歌「サウンド・オブ・ミュージック」からして、耳に快い優れたメロディだ。マリアが自らを鼓舞する「私のお気に入り」はスタンダード・ナンバーとなった。この曲の最初の4小節は同じ旋律に短調和音と長調和音が交互につけられるという珍しい形を取る。これが可能なのは、短調か長調かを規定する3度の音がこの旋律にないからだ。この趣向により、不安の中に喜びを喚起する心情の機微が繊細に表現される。

マリアが子供たちに歌を教える場面で歌われる「ドレミの歌」は、知らない人はいないだろう。長女とナチ親衛隊となる恋人との若い恋を彩る「もうすぐ17歳」、マリアと子供たちが遊び心たっぷりに歌う「ひとりぼっちの羊飼い」もメロディアスでよく知られたナンバー。大佐と婚約者エルザのための舞踏会で子供たちが披露する「さよなら、またね」は愛らしい小曲。エルザとマックス、大佐が歌う「愛は生き延びられるか?」は短調曲で、友愛的な雰囲気の中に不穏な要素を忍ばせる。さらにこの三人が歌う「誰も止められない」では大佐とエルザの政治的立場の違いが露わになる。

音楽祭では、一家が故国への愛を高貴な花に込めた「エーデルワイス」を披露する。シンプルなメロディながら、この曲も一つの旋律に異なる和音を配した彩りが巧みな屈指の名曲だ。そして「すべての山に登れ」のリプリーズと共に、一家はスイスを目指して山越えをする。

このミュージカルはナチの侵攻を遠景に置きながら、一人の家庭教師が家族の心を変えてゆくストーリーに温かい血が通っている。そして重要なのは音楽の役割だ。本作では、劇中で登場人物が歌を歌う（つまり台詞や心情を歌にしたのではない）場面が実に多い。マリアは「ドレミの歌」を教えて子供たちの信頼を得るし、大佐がマリアの教育による子供たちの成長を認めたのも歌の成果だ。祖国愛も歌で語られる。そして、終幕では音楽祭の歌唱を利用して亡命を果たす。すべて歌が人間を動かすのだ。

『サウンド・オブ・ミュージック』は１４４３回のロングランを果したが、ロジャースとハマースタインによる作品の中では、『オクラホマ！』（２２１２回）、『南太平洋』（１９２５回）に続く３番目の長さだった。１９６０年度のトニー賞では作品賞を受賞したが、ジェリー・ボック作曲の『フィオレロ！ Fiorello!』（１９５９年）とのダブル受賞（2作受賞は史上唯一）であった。リヴァイヴァルは１９９８年（５３３公演）の一度きり。ブロードウェイでは現在も、この黄金コンビによる代表作は『オクラホマ！』だと目されている。

ハマースタインは初演の翌年に死去し、35作目に当たる本作が最後の作品となった。ミュージカル・ナンバーのうち、一番あとに作られた「エーデルワイス」が遺作となり、彼の輝かしい業績に可憐な花を添えた。

この題材のミュージカル化をそもそも発案したメアリー・マーティンがマリア役で主演した。1965年の映画化ではジュリー・アンドリュースが主演、不朽の名作となった。

評伝劇の秀作『ジプシー』

『サウンド・オブ・ミュージック』と同年にオープンした秀作に『ジプシー Gypsy』（1959年）がある。作曲は、『ハイ・ボタン・シューズ』（1947年）、『紳士は金髪がお好き』（1949年）、『ベルが鳴っている』（1956年）などのヒット作を手掛けてきたジュリー・スタイン。作詞はスティーヴン・ソンドハイム、台本はアーサー・ローレンツ、演出・振付はジェローム・ロビンズと、『ウエスト・サイド・ストーリー』の面々が再び顔を揃えた。伝説のバーレスク女優ジプシー・ローズ・リー（1911−1970）のステージ・ママを描いた評伝劇だ。

1920年代、貧困から抜け出したいママ・ローズは、二人の娘ルイーズとジェーンを各地のヴォードヴィルに売り込んでいた。おしゃまな妹のジェーンは芝居っ気があったが、おとなしい姉のルイーズは冴えない役に甘んじていた。やがて、凄腕ステージ・ママとなったママ・ローズは、年頃になった娘を大スターに育てようと野心を募らせるものの、その矢先、期待のジェーンは若い芸人と駆け落ちをしてしまう。

やむなくママ・ローズは、姉のルイーズをバーレスクのストリッパー女優として売り込む。ルイーズの舞台は大成功し、ジプシー・ローズ・リーと名乗る。彼女はストリップ界に新風を吹き込み、一方でフランス語を学ぶなど自分の生き方を確立してゆく。なお世話を焼きたいママ・ローズは、もはや必要とされず、取り残される……。

まばゆい魅力を放つ曲が多い。女傑であるママ・ローズのソロ「ある人々は」「すべてはバラと花開く」「ローズの出番」は情熱がほとばしる力強いナンバー。ママ・ローズとマネージャーのハービーのデュエット「スモール・ワールド」「私からは逃れられない」がメロディアスな佳曲。子供時代のおとなしいルイーズが歌う「小さな仔羊」は彼女の性格を語って愛らしい。ママ・ローズの牽引にルイーズ、ハービーが唱和する「トゥギャザー」は快活なメロディが耳に残る。

ママ・ローズを演じたエセル・マーマン最高の当たり役となり、「ある人々は」「すべてはバラと花開く」などは生涯の持ち歌となった。702公演と興行的には大ヒットまでは至らなかったが作品の評価は極めて高く、これまで4度再演されている。

◇1950年代のミュージカルで他に主要な作品

•『ピーターパン Peter Pan』(1954年) キャロリン・リー作詞、マーク・チャーラップ作曲の新人コンビに加え、ベティ・カムデン&アドルフ・グリーン作詞、ジュリー・スタイン作曲のチームが参加した。ジェローム・ロビンズ演出・振付。ジェームズ・M・バリーの劇作のミユージカル化。3幕もので、スタインの作曲したバラード「ネヴァーランド」が代表曲。152回の限定公演だったが、これまで5回再演され、1979年リヴァイヴァル版は554公演を記録している。

・『パジャマ・ゲーム The Pajama Game』(1954年) 新人コンビのリチャード・アドラー&ジェリー・ロス作詞・作曲、ジョージ・アボット&ジェローム・ロビンズ演出。ボブ・フォッシー振付。パジャマ工場の労使交渉にロマンスを絡めた物語。工場監督の恋した女性従業員が労働組合の活動家であったため、関係がこじれる。バラード「ヘイ・ゼア」、タンゴ調の「ヘルナンドス・ハイダウェイ」がヒット曲となり、フォッシーの振付による「スティーム・ヒート」の斬新なダンスが評判を呼んだ。1063公演の大ヒット。トニー賞は作品・振付など3部門を受けた。

・『くたばれ、ヤンキース Damn Yankees』(1955年) リチャード・アドラー&ジェリー・ロス作詞・作曲、ジョージ・アボット演出、ボブ・フォッシー振付。万年最下位の野球チーム、ワシントン・セネターズの熱烈なファンである中年男ジョーが悪魔と取引。魂と引き換えに若返って、同チームの主力選手として八面六臂の大活躍をし、優勝に導く。その間、連絡を断っていた妻との純愛も描かれる。蠱惑的な魔女ローラを演じたグウェン・ヴァードンがスターの仲間入りをした。1幕と2幕で趣向を違えて歌われる「ハート」、ダンス・ナンバーの「ローラのお望み通り」が代表曲。1019公演。トニー賞は作品・振付など7部門を受賞した。若手コンビのアドラーとロスによる連続受賞とロングランは快挙だったが、ロスが同年11月に29

歳の若さで亡くなり、コンビは短命に終わった。

●『ベルが鳴っている Bells Are Ringing』（1956年）　作曲ジュリー・スタイン、作詞・台本ベティ・カムデン&アドルフ・グリーンのトリオが手掛けた8作のうち、最多の924公演を記録した。振付はジェローム・ロビンズとボブ・フォッシーが協同で担当。電話オペレーターと劇作家との恋愛もの。「ジャスト・イン・タイム」「あなたを知るずっと前」「パーティーはおしまい」の3曲がヒットした。「完全な関係」も佳曲。

●『キャンディード Candide』（1956年）　レナード・バーンスタイン作曲。ヴォルテールの小説を原作とするビルドゥングス・ロマン（成長物語）。パングロス博士から楽天主義哲学を教わったキャンディードは、最善の世界と愛するクネゴンデを求めてブルガリア、オランダ、パリ、リスボン、スペイン、ブエノスアイレス、ヴェニスと、苦難の旅を続ける。73公演の短命に終わったが、その後、オペラのレパートリーになった。優れたナンバーに「ありうる世界の最高」「着飾って陽気に」がある。

●『フラワー・ドラム・ソング Flower Drum Song』（1958年）　リチャード・ロジャース作曲、オスカー・ハマースタイン作詞・台本の異色作。サンフランシスコのチャイナ・タウンを舞台とするコメディで、伝統を重んじる親の代（移民一世）と、アメリカナイズされた二世との価値観のギャップをつづる。華僑のナイトクラブ経営者サミー・フォンは、お見合い相手のメイ・リーを中国から呼び寄せる。ところが、彼女が到着した時には、サミーは店のダンサー、リンダ・ロウに夢中になっていた。そこで彼は裕福な華僑の息子ワン・ターとメイ・リーをくっ付けようともくろむ。ところがワン・ターはリンダ・ロウに求婚し、おかしな四角関係に発展する。600公演を記録した。渡米したジャズ歌手のミヨシ・ウメキ（日本の芸名はナンシー梅木）が主演し、日本人で初めてトニー賞の主演俳優部門にノミネートされた（受賞はせず）。

9.

更新される
ロングラン記録

ファニー・ガール
ハロー、ドーリー！
メイム
屋根の上のヴァイオリン弾き
シー・ラヴズ・ミー
ラ・マンチャの男
グリース
ファンタスティックス

ワインには当たり年というものがあるが、ミュージカルにも当たり年があるとすれば、1964年を筆頭に挙げなくてはならないだろう。何しろ、1000回以上のロングランを果たした作品が3本も幕を開けたのだ。さらに言えば、ロングラン記録を更新した作品が2本も生まれた年でもある。そんな年は、今後とも訪れることはまずないだろう。

『ファニー・ガール Funny Girl』（1964年）は、ヴォードヴィルで活躍した伝説的なコメディエンヌ、ファニー・ブライス（1891―1951）の半生を描いた伝記ミュージカルで、ジュリー・スタインが作曲した中では最大のヒット作となった。ボブ・メリル作詞。ガースン・カニン、ジェローム・ロビンズ演出。

「ジーグフェルド・フォリーズ」の楽屋で、刑期を終えた夫ニックを待つファニーが回想する内に物語が進む。――十代のファニーは、スターを目指してオーディションを受けるも、破調の演技のせいで不採用。それでも、小劇場のレヴューに出演したのを契機に、次第に評判を呼び始める。やがて、その飛び抜けた個性が大プロデューサー、フローレンツ・ジーグフェルドの目に留まり、「ジーグフェルド・フォリーズ」に抜擢される。ファニーはトリを演じたグランド・フィナーレ「彼の愛が私を美しくする」を勝手に喜劇的な状況に脚色して演じ、ジーグフェルドの不興を買うものの、観客には大受けして人気を博する。

一方、小劇場時代に知り合った賭博師で色男のニックとの愛情は深まっていったが、互いの仕事のために離れ離れの日々がつづく。ついにファニーは巡業を投げ出して、ニックとの結婚に走る。だが、幸せな結婚生活も束の間、事業と博打で失敗続きのニックは違法取引に手を染めて逮捕され、服役する。幕切れでは冒頭の場に戻り、刑期を終えたニックとファニーは再会するが、もはやかつての関係には戻れず、言葉少なに二人は別れる……。

スタインが作曲した、ショー・ビジネスに生きた芸能人の伝記という点で、『ジプシー』と呼応する状況と位置づけで歌われる楽曲が多い。ファニーが〈人を求める人こそ最も幸運な人〉と歌い上げる「ピープル」が大ヒットした。巡業を捨てて男に走る決意をファニーが吐露する「パレードに雨を降らせないで」（1幕ラスト）と共に、堂々たるスタンダード・ナンバーとなっている。ニックがファニーを口説く「君は女さ」も洒落た好ナンバー。

1348公演を記録したが、トニー賞は次に述べる強豪とかち合ったため無冠に終わった。バーブラ・ストライザンドが主演し、一躍スターダムにのし上がった。1968年の映画化でもストライザンドが主演したが、楽曲はかなり変更されている。

恋のテーマパーク『ハロー、ドーリー！』

その強豪とは、ミュージカル・コメディの王道を行く賑やかな恋愛もの『ハロー、ドーリー！ Hello, Dolly!』（1964年）だ。ジェリー・ハーマン作詞・作曲、マイケル・スチュアート台本、ガワー・チャンピオン演出・振付。原作のルーツは、ジョン・オクセンフォードの戯曲『充実した一日』（1835年）まで遡り、これを基にした複数の作品を経由して、直接的にはソーントン・ワイルダーの戯曲『結婚仲介人』（1955年）を基にしている。

1890年頃のニューヨークとその郊外ヨンカーズが舞台。結婚仲介人を務める未亡人ドーリーは、ヨンカーズの裕福な商人ホレイスから、ニューヨークで帽子店を営む美しいアイリーンとの見合いを依頼される。しかし自らホレイスと結婚しようと考えたドーリーは、代わりにダミーの女性を勧める。一方、ホレイスの姪アーメンガードは、恋人の貧乏画家との結婚をホレイスに反対され、悲嘆に暮れていた。

ホレイスが見合いに出かけた日曜日、彼にこき使われている従業員のバーナビーとコーネリアスは、主人の留守をいいことにニューヨークへ遊びに行く。たまたまアイリーンの帽子店を訪れた二人は、お節介なドーリーの手助けでアイリーン、店員ミニーと仲良くなり、金もないのに最高級レストランのハーモニア・ガーデンへ繰り出すことになる。ドーリーがハーモニア・ガーデンに行くと、かつて最高の顧客であった彼女は店を挙げての大歓迎を受ける。しかし、見合いのためにこの店に来ていたホレイスと二人の従業員、さらにはデート中の姪とその恋人まで鉢合わせして、大混乱が起きる。それでも結末はしかるべきところに落ち着き、ドーリーを含めて三組の結婚がめでたく成立する……。

この作品は〝デートの一日〟をフィーチャーしている。それは曲名に端的に表れており、「よそ行きの服を来て」いそいそと出かけ、「リボンを垂らして」着飾り、「パレードが通り過ぎる前に」恋の決意を固め、「エレガンス」の風情でレストランへと向かい、主題歌「ハロー、ドーリー！」で大ディナーのクライマックスを迎える、といった充実した一日を形成する。古き佳きアメリカを舞台に、恋のテーマパークのような祝祭感が溢れている。

これらハーマンの楽曲が実にメロディアスだ。ゴージャスで心を浮き立たせる旋律は恋を彩り、喜悦感はいや増す。久方ぶりのドーリーの再訪に、レストランの従業員らが小躍りしながら華やかに合唱する「ハロー、ドーリー！」のシーンが圧巻。ドーリーが亡夫に許しを乞うて再婚を決意する「パレードが通り過ぎる前に」（1幕ラスト）のパレード行進と、ハーモニア・ガーデンのダンスも大掛かりな見せ場だ。

この舞台は、『マイ・フェア・レディ』のロングラン記録（2717回）を抜いて2844公演を果たした。トニー賞では作品はじめ10部門で受賞、この最多受賞記録は20世紀の間、破られなかった。キャロル・チャニングが主演し、『紳士は金髪がお好き』以来の当たり役となった。屈指の名曲「ハロー、ドーリー！」は観客動員に大いに貢献し、ルイ・アームストロングがカヴァーを出して世界的に大ヒットした。1969年の映画化ではバーブラ・ストライザンドが主演している。

『ハロー、ドーリー！』初演の2年後、ジェリー・ハーマンが作詞・作曲した『メイム Mame』（1966年）も1508公演を重ねる大ヒットとなった。楽天的な女性が人生をたくましく謳歌する姿を描く。ジェローム・ローレンスとロバート・E・リー台本、ジーン・サックス演出。パトリック・デニスの自伝的小説に基づく劇作が原作。

両親を亡くして孤児となったパトリックは、裕福な叔母メイム・デニスに引き取られることになった。物語は1928年、パトリック10歳の年から、長じて29歳になるまでの20年に及ぶ。〈人生はご馳走いっぱいのパーティーでなくては〉との信条を抱くメイムは、自由で享楽的な生き方をパトリックに教え込む。1929年の株式大暴落で財産をあらかた失ったメイムだったが、女優や美容院のマニキュア・ガールに挑み、仕事そのものは失敗に帰したものの、南部の大農場主との結婚を引き寄せる。世界一周の新婚旅行中に夫は事故死し、メイムは図らずも大富豪の未亡人となる。

一方、成人したパトリックは良家の娘と結婚しようとするが、彼女の上流階級ぶりが鼻もちならないメイムは縁談をぶち壊す。結局、パトリックは自室の改装に来たインテリア・デザイナーと地道に結婚し、彼女との間に生まれた男の子を連れてメイムは世界一周の旅へと再び出発する……。

前作『ハロー、ドーリー!』同様に、世話好きでめげない中年女性を主人公としており、楽曲の明朗なテイストも似通っている。合唱曲「メイム」(1幕ラスト)は、一度聴いたら耳から離れないシンプルでキャッチーな主題歌。メイムが独自の人生哲学を説く「新しい窓を開けよう」「ちょっとしたクリスマスが必要」が陽気でメロディアスな佳曲だ。パトリックとメイムがデュエットする「マイ・ベスト・ガール」も美しいナンバー。トニー賞はアンジェラ・ランズベリーの主演女優など3部門。1974年に映画化されている。

故郷を追われる『屋根の上のヴァイオリン弾き』

ところで、『ハロー、ドーリー！』の最多ロングラン記録は、なんと8ヶ月しか保たなかった。というのは、その8ヶ月後にオープンした『屋根の上のヴァイオリン弾き Fiddler on the Roof』（1964年）がこれを追い続け、やがて追い抜いて3242公演を記録したからだ。受難のユダヤ人を描いた古典的名作である。ジェリー・ボック作曲、シェルダン・ハーニック作詞、ジョゼフ・スタイン台本、ジェローム・ロビンズ演出・振付。

冒頭、〈我々は、屋根の上のヴァイオリン弾きみたいなもので、危ういバランスの上にある〉と村人が歌う。帝政ロシア期の1905年、寒村アナテフカにあるユダヤ人が住む集落は、時代の変革の波にさらされている。牛乳屋を営む信心深いテヴィエは、妻ゴールデと共に五人の娘を育ててきた。テヴィエは年頃になった長女ツァイテルに、中年の裕福な肉屋との縁談を持ちかけたが、彼女はそれを断って貧しい仕立屋と結婚する。次女ホーデルは革命を目指す学生を愛し、逮捕された彼を追ってシベリアへと旅立つ。三女チャヴァはあろうことか異教徒のロシア人と結婚したいと言い出す。さらに、ロシア人の警察署長がユダヤ人に対して三日以内の立ち退きを命令。テヴィエは残った家族を引き連れ、はるかアメリカを目指して出発する……。

シャガールの絵画に由来する〈屋根の上のヴァイオリン弾き〉は、ドラマの登場人物ではなく象徴。冒頭の歌「伝統」が危惧あるいは示唆する通り、しきたりが次々に崩れてゆく物語だ。テヴィエの親心をよそに、長女は経済的に、次女は政治的に、三女は宗教的に、次々と因習を破る

『屋根の上のヴァイオリン弾き』初演舞台（1964年）。テヴィエを演じたゼロ・モステル（左）（Photofest／アフロ）

のだ。あまつさえ先祖代々住み着いてきた土地まで追われる。

ブロードウェイの演劇人はユダヤ系がかなりの割合を占め、ユダヤ人が故郷で迫害を受けてアメリカに渡るストーリーは深い共感をもって迎え入れられた。この物語はショレム・アレイヘムの短編小説「牛乳屋テヴィエ」が原作。悲劇性の濃いプロットだが、主人公テヴィエの愛すべきキャラクターにより、悲喜こもごもの味わいを醸し出している。

ボックの楽曲は、ロシア民謡風やユダヤ的な旋律を採り入れている。ツァイテルの結婚式で、テヴィエ、ゴールデ、村人らが祝福して歌う「サンライズ、サンセット」は名曲中の名曲。ホーデル、チャヴァら姉妹が結婚に憧れて歌う「マッチメーカー（結婚仲介人）」、テヴィエの独唱「金持ちだったら」、旅立つホーデルが別れを告げる「愛する我が家を離れて」など好ナンバーが揃う。ロビンズの振付にはロシアン・ダンスが織り込まれている。個性派俳優ゼロ・モステルが主演し、テヴィエの強烈なキャラクターが確定的になった。翌1965年のトニー賞では作品など9部門で受賞。これまで5回、リヴァイヴァル公演が行われている。1971年に映画化された。

ボックとハーニックの作曲・作詞コンビはこの前年に『シー・ラヴズ・ミー She Loves Me』（1963年）を手掛けている。ヨーロッパの洒落たお店を舞台にした優しいラヴ・ストーリーだ。ジョー・マスタロフ台本。ハロルド・プリンスが初めて演出を担当した。

ブダペストと思われる街にある香水店では、マネージャーのジョージと新米店員のアマリアが衝突を繰り返している。二人はそれぞれ匿名でペンパルと文通しており、カフェで初めて会うことになった。カフェに赴いたジョージは待ち合わせた相手がアマリアだと気付くが、自分が文通相手だとは告げずに雑談だけして帰ってしまう。

翌日、病気で欠勤したアマリアを心配してジョージが見舞いに行くと、仮病を疑われたと勘違いしたアマリアは怒り出す。それでもジョージはお土産のアイスクリームを彼女に渡し、アマリアはペンパルを愛しているのだと告白する。それを聞いたジョージは帰途、主題歌「シー・ラヴズ・ミー」を歌って小躍りする。やがて、店でも二人は親密になり、クリスマス・イヴの夜、ジョージはアマリアにペンパルの名乗りを上げる……。

楽曲はヨーロッパ的な色香が漂う。カフェで待ちぼうけを食らったアマリアが、それでも相手を信じて歌う「親愛なる友」（1幕ラスト）が印象的なメロディで聴かせる。香水店の経営者マラチェックが青春を懐古する「過ぎ去りし日々」も好ナンバー。ジョージに見舞われた後にアマリアが歌う「アイスクリーム」（2幕半ば）には面白い趣向がある。ペンパルに手紙をしたためる歌の途中に、アイスクリームをくれたジョージを思う異なる旋律が図らずも侵入してくるのだ。これを機に二人の関係は好転し、この曲は幸福感あふれるフィナーレでもリプリーズされる。

『屋根の上のヴァイオリン弾き』とはまったく異なる話だが、香水店の店員みなを家族のように温かく描いた点に共通項が見いだせる。音楽的にも、主役カップルに3曲ずつ、脇役カップルにも2曲ずつ、さらに使い走りの端役にまでソロの持ち歌を与える厚遇。香水店を共同体のようにハート・ウォーミングに描き出している。

高い評価を得た舞台だったが、301公演に終わり、トニー賞も1部門のみ。1993年の再演は初演を上回る354公演を重ねた。

ドン・キホーテの「見果てぬ夢」

「当たり年」の翌年にも傑作が生まれた。ミッチ・リー作曲、ジョー・ダリオン作詞、デイル・ワッサーマン台本の『ラ・マンチャの男 Man of La Mancha』（1965年）だ。

セルバンテスの『ドン・キホーテ』が題材だが、小説の単なるミュージカル化ではない。現実→劇中劇→妄想の世界、と三重構造を取り、ドン・キホーテの物語は三つ目の次元で描かれる。

16世紀末のスペイン。詩人セルバンテスが教会侮辱の罪で、従者と共に地下牢へ投獄される。これが一番外枠にある「現実」の次元だ。地下牢の荒くれた囚人たちは、セルバンテスの罪状を問う獄中の裁判を始める。セルバンテスは申し開きとして、囚人たちの協力を得て即興劇を演じてみせる。その「劇中劇」では、ラ・マンチャに住む老いた郷士アロンソ・キハーナが本の読み過ぎで脳に変調を来し、自らを中世の騎士だと思い込む。このキハーナの「妄想の世界」で、彼は遍歴の騎士ドン・キホーテとなるのだった。

キホーテは従者サンチョを連れて諸国遍歴の旅に出る。彼は、風車を大魔王と信じて猪突猛進したり、街道の安宿が城に見えたりする。その安宿に働く女給アルドンザを、キホーテは高貴な「ドルシネア姫」だと思い込み、恭順の意を示す。客のラバ追いたちはその様を見てアルドンザをからかい、夜が更けるのを待って彼女に言い寄る。キホーテは〈姫に手を出す無礼〉と怒って男たちを叩き出す。彼はアルドンザの前で「見果てぬ夢」を歌って孤高の理想を語る。しかしその後、アルドンザは男たちに乱暴されてしまう。

一方、キハーナの家では残された姪が老人の行方を案じ、彼女の婚約者カラスコ博士らが彼を連れ戻すために出発する。博士らは「鏡の騎士」に扮して、キハーナを鏡で囲んで己の姿を直視させる。正気に戻ったキハーナは捕縛され、気力を喪失して病床に伏す。そこへ彼を懐かしんだアルドンザが現れて〈あんたはあたいの何もかもを変えてしまったのよ〉と寄り添う。キハーナはしばしドン・キホーテとして蘇るものの、まもなく逝去する。劇中劇が終わり、獄中裁判長の牢名主はセルバンテスに共感して無罪を言い渡す……。

この物語は、現実と無残にズレてしまった老人の滑稽な冒険を描いている。しかし、キホーテの〈物事は見る目によって様々に見える〉〈事実とは真実の敵なり〉といった台詞が語るように、彼の妄想には一抹の真実が含まれている。ここには、現実的過ぎること、夢を持たないことへの批判があり、世の中や人生が完璧でない以上、その批判には普遍性がある。

キホーテが朗々と歌い上げる「見果てぬ夢」は永遠の理想を謳った名曲だ（「The Impossible Dream」をこう訳出したのは名訳）。序盤でキハーナがキホーテに変ずる主題歌「ラ・マンチャの男」は勇壮な出発の歌。メロディアスなバラード「ドルシネア」は、キホーテが歌う時にはアルドンザを崇める歌詞で、ラバ追いたちが反復する時には揶揄する歌になる。「小鳥よ、小鳥」も初めは夕べのセレナーデとして奏でられ、アルドンザが襲われる時には不協和音混じりの残酷な歌に変わる。サンチョが歌う「旦那が好きなのさ」に微笑ましいユーモアが、アルドンザが惨めな境遇を吐露する「アルドンザ」には凄みがある。

オフ・ブロードウェイでスタートし、2328公演を記録した。トニー賞では作品など5部門を受賞。ロングラン中、各国からの来演が企画され、日本からは市川染五郎（現・松本幸四郎）が主役を演じた。

トニー賞無冠のロングラン記録

さて、『屋根の上のヴァイオリン弾き』の最長記録は、3388公演のロングランを果たした

『グリース Grease』（1972年）によって破られた。1950年代の若者の風俗と恋を、流行のロックンロールに乗せて描き出した快作だ。ジム・ジェイコブス＆ウォレン・ケイシー作曲・作詞・台本、トム・ムーア演出。

整髪料グリースで髪をテカらせた高校生ダニーは、夏休みの避暑地で可憐で控えめなサンディと出会って恋に落ち、再会を期する。新学期、奇しくもサンディは同じ高校に転校してくる。しかしツッパリ仲間の手前、ダニーは素直に甘い態度が取れず、二人の関係はこじれる。それでもサンディはツッパリ女子グループのリーダー格ベティの助言を受け、革ジャン姿に変身してダニーの前に姿を現し、恋が成就する……。

サンディとダニーがそれぞれ女子・男子グループの前で歌う「サマー・ナイツ」が代表曲。ひと夏の恋の思い出をひけらかす歌で、興味津々の仲間たちが〈もっと聞かせて〉とせがむ合い間のコーラスには必然性がある。「グリースで光らせて」「見て、私はサンドラ・ディー」など懐かしいサウンドで彩るご機嫌なナンバーが満載。男女のグループで合唱する「みんなで行こう」が団結を謳った壮快なテーマ曲で、1幕と2幕の各フィナーレで歌われる。

物語パターンは古典的なボーイ・ミーツ・ガールもの。だが、ヴェトナム戦争が泥沼化して厭戦ムードが高まる中で、仲間の結束と友情を大切にするティーンエイジャーの姿が、若い世代の熱い支持を得て大ヒットとなった。ただし、玄人筋の評価は高くなく、トニー賞は無冠に終わった。1978年の映画化では、ジョン・トラボルタとオリヴィア・ニュートン＝ジョンが主演。映画版で加えられたナンバー「愛のデュエット」もヒット曲となった。しかし、このロングラン記録も3年後には破られることになる。

オフのロングラン『ファンタスティックス』

一方、ブロードウェイの記録とはならないが（ＩＢＤＢには記載なし）、オフ・ブロードウェイ（客席５００未満の劇場での公演）では、１９６０年に初演された『ファンタスティックス The Fantasticks』が驚異的な1万７１６２公演ものロングランを成し遂げた。ハーヴェイ・シュミット作曲、トム・ジョーンズ作詞・台本、ワード・ベイカー演出。エドモン・ロスタンの戯曲『レ・ロマネスク』が原作。

隣接した家に育ったマットとルイーザは、思春期になって愛し合う。仲良い父親同士は二人の結婚を望むがゆえに、反抗期特有の反発を招かないよう、わざといがみ合ったり、隣家の境界に高い壁を作って交際を禁じたりする。さらに父親たちはエル・ガヨ、老優、インディアンに依頼して、月夜にルイーザを襲わせる。案の定、マットは勇気を奮ってルイーザを救う。ところが、これが父親たちの仕組んだ狂言だと露見し、マットとルイーザは仲違い。マットは家を飛び出して放浪の旅に出る。ルイーザもエル・ガヨに恋をするがいずれ棄てられる。やがて互いに傷ついた二人は再会して、真実の愛を育む……。

出演者は8人、演奏はピアノとハープだけ、舞台装置も簡素な小品だが、寓話的な教訓を含み、幅広い共感を得た。辛い冬を経て春が生まれる季節の再生になぞらえた成長物語だ。冒頭で、進行役を兼ねるエル・ガヨが朗々と歌い上げる「トライ・トゥ・リメンバー」が屈指の名曲。マットとルイーザのデュエット「メタファー」も印象的なナンバーで、1幕と2幕のフィナーレでリプリーズされる。終幕近くで再会した二人が歌う「ゼイ・ワー・ユー」がきれいなバラードだ。

◇1960年代のミュージカルで他に主要な作品

・『キャメロット Camelot』（1960年）フレデリック・ロウ作曲、アラン・ジェイ・ラーナー作詞・台本、モス・ハート演出。『マイ・フェア・レディ』のクリエイティヴ・チームに、ジュリー・アンドリュースの主演。アーサー王伝説に基づく悲劇的なロマンスを優雅な音楽が彩る。キャメロット国のアーサー王に嫁いだグエナヴィア王妃と、円卓の騎士ランスロットとの禁断の恋をつづる。ランスロットの「もしあなたの許を去るとしたら」、王妃の「あなたを再び見つめる前に」「かつて密かにあなたを愛していた」、王妃と王のデュエット「庶民ならどうする？」がメロディアス。873公演。トニー賞は主演男優など4冠。1967年に映画化された。

・『努力しないで出世する方法 How to Succeed in Business Without Really Trying』（1961年）フランク・レッサー作曲・作詞、エイブ・バローズ脚本・演出。憎めない青年フィンチがハウトゥ本の教えを愚直に実践して、大企業でトントン拍子に出世し、意中の女性まで獲得するさまをユーモラスに描く。縁故採用や学閥、理不尽な慣例や上司に媚びるイエスマンなど、会社社会への痛烈な諷刺を込めたコメディ。フィンチが鏡に映った自分を鼓舞する「君を信じる」が代表曲で、対位法的な伴奏が印象的だ。美人秘書が歌う「彼のディナーを温めて幸せ」、フィンチら社員がビジネススーツで踊る「男の兄弟愛」など佳曲が多い。1417公演。トニー賞は作品など7部門で受賞。1967年に映画化された。

●『ノー・ストリングス No Strings』（1962年） 相方の作詞家ハマースタインを亡くしたリチャード・ロジャースが、作曲のみならず作詞まで手掛けた唯一の作品。サミュエル・テイラー台本、ジョー・レイトン演出。かつてピューリツァー賞を受けたものの近年は遊び暮らす白人小説家が、黒人モデルとパリで出会って愛し合い、旅行に出る。やがて人生を空費していると悟った小説家はアメリカに帰る決心をするが、モデルはアメリカでは仕事ができない。二人の間には絆（ストリングス）など最初からなかったと思い至る。オーケストラは弦楽器（ストリングス）を使わない編成で、表題は二つの意味を掛けている。冒頭の物悲しさを帯びたバラード「スウィーテスト・サウンド」が、優れたメロディラインの歌で、ヒット曲となった。1幕エンディングのデュエット「誰も言わなかった」の印象的なモチーフは2幕で反復される。黒人モデルが歌うジャズ風の「愛の重荷」、主題歌「ノー・ストリングス」も好ナンバー。580公演。トニー賞は作曲など3部門で受賞。

●『ローマで起った奇妙な出来事 A Funny Thing Happened on the Way to the Forum』（1962年）『ウエスト・サイド・ストーリー』『ジプシー』では作詞のみ担当していたスティーヴン・ソンドハイムが、作詞・作曲とも担当した初のヒット作。バート・シーヴェラヴ&ラリー・ゲルバート台本。ジョージ・アボット演出。古代ローマを舞台に、奴隷、娼婦、若いヒーロー、兵隊長などローマ喜劇の典型的な人物を登場させ、三一致の法則に則ったストーリーで、古典を下敷きにしたスラップスティック・コメディ。自由になりたい奴隷が奸智を働かせて立ち回るが、嘘が嘘を呼んで混乱を極める。だが、意外な（あるいはお定まりの）血縁関係が判明して万事丸く収まる。幕開けと終幕で〈明日は悲劇で、今夜は喜劇〉と歌う「コメディ・トゥナイト」が代表曲。「ラヴリー」はラヴ・ソングを皮肉ったおかしみがある。964公演。トニー賞は作品など6部門で受賞。

- 『地球を止めろ——俺は降りたい Stop the World —— I Want to Get Off』（1962年）ロンドンのヒット作（1961年）のブロードウェイ上陸。野心たくましい男の成功と挫折をつづる。レスリー・ブリカッス&アンソニー・ニューリー作曲・作詞・台本。演出と主演まで務めたニューリーの才気がいかんなく発揮された。舞台は英国。主人公はたまさか手を出した「典型的な英国娘」が社長の娘と知って結婚するも、家庭生活の重荷からロシア、ドイツ、アメリカの女性とも関係を持つ。さらに出世して社長になり、国会議員、貴族にまで上り詰めるが、愛のない人生の虚しさに襲われる。サーカスを想起させる舞台装置で、主人公も道化師のような白塗りにダブダブのズボンで演じ、象徴的な意味合いを提示した。主人公が付き合う、英国、ロシア、ドイツ、アメリカの女性（同じ女優が演じた）が歌う曲がいずれも同じ旋律で、歌詞と編曲を違えてリプリーズする趣向が面白い。終幕前に、達観した主人公と妻がデュエットする「君に似た素敵な誰か」が好バラード。555公演。トニー賞は1部門のみ。1966年に映画化された。

・『オリヴァー！ Oliver!』（1963年）　これもロンドン発（1960年初演、2618公演）のヒット作。ライオネル・バート作曲・作詞・台本、ピーター・コー演出。チャールズ・ディケンズの長編小説『オリヴァー・ツイスト』のミュージカル化。孤児院から外の世界に投げ出された少年オリヴァーが、一旦は子供のスリ団に身を落とすものの、裕福な老人に救われるまでが描かれる。2幕冒頭のパブの場面で軽快に合唱される「ウンパパ」が童謡としても広く知られる。また、貧しい少年らが力強く歌う「何でもするさ」がメロディアスな代表曲。少年たちの合唱「コンシダー・ユアセルフ」、小悪党の呼びかけに子供たちが呼応する「スリの一つや二つはやってみろ」、彼の情婦が切ない心情を吐露するバラード「あの人が私を必要とする限り」、小悪党が孤独を語る「状況を鑑みると」など魅力的なナンバーが多い。オリヴァーとアンサンブルが歌う「誰か買わないか？」も深みを帯びた佳曲。774公演は外国発ミュージカルのロングラン新記録を作った。トニー賞でも、外国産で初の楽曲賞など3部門で受賞。1968年に映画化され、アカデミー賞作品賞を受けた。

・『心を繋ぐ6ペンス Half a Sixpence』（1965年）　さらにロンドン発が続くが、短期間で英国ミュージカルが立て続けにヒットした「小ブーム」は、やがて1980年代の「大ブーム」の前哨戦と言える現象だった。デイヴィッド・ヘネカー作曲・作詞、ベヴァリー・クロス台本、ジーン・サックス演出。H・G・ウェルズの小説『キップス』のミュージカル化。孤児のキップスは幼馴染みのアンと愛を誓い合い、6ペンス銀貨を半分に切って肌身離さず持ち歩いている。やがて彼に莫大な財産が転がり込み、上流階級の娘と婚約したが、堅苦しい生活に馴染めず婚約破棄。労働者階級のアンと結婚し、ささやかな生活に充足する。『地球を止めろ』や『オリヴァー』、あるいはロンドンを舞台とした『マイ・フェア・レディ』と共通して、階級移動をテーマとしている。2幕の「遠い昔」がロマンティックなバラード。1幕の軽快な多重唱「雨が降るのなら」も佳曲。「うなるほどの金」などのダンスシーン（オナ・ホワイト振付）も好評だった。511公演。トニー賞は9部門でノミネートされたが、一つも受賞しなかった。1967年に映画化。

•『スウィート・チャリティ Sweet Charity』（1966年） アンサンブルのダンス・シーンが名場面として語り継がれる作品。サイ・コールマン作曲、ドロシー・フィールズ作詞、ニール・サイモン台本、ボブ・フォッシー演出・振付。フェリーニの映画『カビリアの夜』が原作。ホステスをしている気の好い娘チャリティは男運が悪く、優しい会計士と知り合って婚約までこぎつけるが、土壇場で破局。それでも健気にたくましく生きてゆこうとする。評判になったのは、ファンダンゴ・ガールズがバーを使ってセクシーなダンスを披露する「ビッグ・スペンダー」や、優れて洗練された群舞を見せるインストゥルメンタル・ナンバーの「リッチマンズ・フラッグ」などで、フォッシーの振付の代表作となった。幸運をつかみかけたチャリティが歌う「今の私を友達に見せたいわ」が微笑ましく素敵な好ナンバー。「もっといいことがあるはず」「人生のリズム」などもメロディアスな佳曲。608公演。トニー賞はフォッシーが振付賞を受賞したのみ。1969年に映画化された。

•『プロミセズ、プロミセズ Promises, Promises』（1968年） ポップスのヒット・メイカー、作曲バート・バカラック&作詞ハル・デイヴィッドのコンビが手掛けた唯一の作品で、ポップソング・ライターの登用は先駆的であった。映画『アパートの鍵貸します』のミュージカル化で、ニール・サイモンが台本を担当。ロバート・ムーア演出、マイケル・ベネット振付。保険会社の平社員チャックは、重役たちの不倫用に自分のアパートの部屋を提供し、うまうまと出世を果たす。ところが、重役の浮気相手の一人は、よりによってチャックが本気で惚れているウエイトレスのフランだった。デート中、弄ばれていると知った彼女は、チャックの部屋で自殺を図る。チャックは彼女を献身的に看病し、愛情を勝ち得る。バカラックの音楽は都会的なサウンドで親しみやすい。2幕終盤で主人公とヒロインがデュエットする「二度と恋なんかしない」がヒットし、多くのカヴァーを生んでスタンダード・ナンバーとなった。1281公演。トニー賞は主演男優など2部門。

10.

新しい作風と音楽

キャバレー
シカゴ
コーラス・ライン
ヘア
ジーザス・クライスト・スーパースター
ゴッドスペル
ピピン
カンパニー
フォリーズ
リトル・ナイト・ミュージック
太平洋序曲
スウィーニー・トッド

その頽廃的でグロテスクな劇世界、猥雑にして諧謔を弄するショー、ファシズムがはびこる時代を縁取る辛辣な戯画――ジョン・カンダー作曲、フレッド・エブ作詞による『キャバレー Cabaret』（1966年）は、さまざまな面において優れて独創的な傑作である。ベルリンの場末にあるナイトクラブを通じて、ナチズムが台頭する歪んだ時代を鮮烈に活写してみせた。ジョー・マスタロフ脚本、ハロルド・プリンス演出、ロン・フィールド振付。

キャバレーのショーが現実を戯画化

1929年暮れ、アメリカ人の若い小説家クリフは、新作に取り組むためにベルリンに滞在。キャバレーで歌う英国人ショー・ガールのサリーと知り合い、やがて同棲を始める。キャバレーでは中性的なMC（マスター・オブ・セレモニーズ）の司会の下、夜な夜な卑俗なショーが繰り広げられている。滞在した下宿では、熟年の女主人シュナイダーと下宿人シュルツが愛を育み、婚約する。しかしシュルツがユダヤ人であったためにナチの迫害を受け、婚約解消を余儀なくされる。一方、サリーは身ごもるが、アメリカで家庭を持とうと持ちかけるクリフの誘いには乗らず、毛皮のコートを売った金で堕胎する。クリフはナチズムを批判して暴行を受け、辟易してアメリカへ向けて旅立つ。ベルリンが全体主義に染まってゆく中、サリーは再びキャバレーで歌い続ける……。

この舞台が優れているのは、キャバレーで披露される俗悪なショーが、現実で起きた出来事を揶揄し、デフォルメして映し出すものになっている点だ。現実の場面と、キャバレーのショーとがほぼ交互に進行するが、ショーはその直前に描かれた現実に対するシニカルなコメントになっているのだ。

例えば、クリフがサリーの同居を受け入れた次の場では、MCとショー・ガールが「二人の彼女」を歌い、唐突でいびつな同棲をからかっている。シュルツとシュナイダーが老いらくの恋に燃え上がって「こんな嬉しいことはない」を歌った直後には、右傾化の象徴であるナチス讃歌「明日は我が手に」が歌われる。クリフが経済的な理由からナチス関係の闇仕事を引き受けた後には、キャバレーでMCが「お金の歌」を歌って拝金主義を賛美する。さらに、結婚を躊躇し始めたシュナイダーに、シュルツが熱を込めて「結婚したら」を歌った次の場では、MCとゴリラ姿の恋人が「彼女を見られたなら（ゴリラ・ソング）」を披露して、異形の

『キャバレー』初演舞台（1966年）。キャバレーで演じる歌姫サリー（Photofest／アフロ）

恋人との交際をあざける。

現実とショーとの呼応関係は、あくまで観客の理解の中で結びつくことであって、観客の想像力を刺激して悪夢の時代をシニカルに描破した点が画期的だった。このミュージカルは、クリストファー・イシャーウッドの自伝的小説『ベルリン物語』を劇作化した『私はカメラ』を原作としている。演出・製作のプリンスと台本のマスタロフは、作曲・作詞コンビに話を持ちかける前にコンセプトを練り始めた。そこでキャバレーの進行役、原作には登場しないMCというキャラクターを創出したことで作品の方向が定まった。

これに、カンダーとエブは秀逸な楽曲を寄せた。2幕終盤、キャバレーにカムバックしたサリーが歌う主題歌「キャバレー」はイメージ喚起力に富んだ素晴らしい名曲。映画版で主演したライザ・ミネリを始め、多くのカヴァーを生んだ。オープニングと終幕でMCが歌う「ウィルコメン（ようこそ）」もよく知られたナンバーで、MCを演じたジョエル・グレイが中性的な妖しさを湛える好演をした。ナチス讃歌「明日は我が手に」は、美しいメロディの中に静謐な狂気が漂う。ほかにもデカダンスを彩る刺激的なナンバーが多い。ただし、シュルツとシュナイダーのデュエット「結婚したら」は、『心を繋ぐ6ペンス』（1963年ロンドン初演）の「すべて経済のせい」と旋律が似ている。

1165回のロングランを果たした。トニー賞は作品など8部門をさらった。1972年に映画化されたが、ストーリーは変更されている。1998年リヴァイヴァル版（サム・メンデス演出）は、初演を大きく上回る2377公演を記録した。トニー賞はベスト・リヴァイヴァルなど

4部門で受賞。

ヴォードヴィルでつづる『シカゴ』

この、ショーを活用するアイデアを深めて、カンダーとエブのコンビは更なる秀作を生み出した。ヴォードヴィル形式でストーリーをつづる『シカゴ Chicago』（1975年）だ。映画版『キャバレー』の監督を務めたボブ・フォッシーの演出・振付。エブ&フォッシー台本。モーリン・ダラス・ワトキンズの同名戯曲が原作。

禁酒法時代、1920年代後半のシカゴ。殺人事件のニュースが娯楽という背徳的な価値観が蔓延する中で、二人の女囚人がスキャンダルの注目度を競うダーティーで諷刺的な物語だ。司会者が紹介する滑稽なショーのナンバーが、ストーリーを進める。

三流コーラス・ガールのロキシーは愛人殺しで収監される。その女性刑務所にはスターのヴェルマも殺人罪で入獄していたが、女看守モートンを抱き込み、優雅な監獄暮らしをしていた。ロキシーは冴えない夫エイモスに泣きついて辣腕弁護士ビリーに弁護を依頼。ビリーは世間の同情を引くストーリーをでっち上げて、報道を優位に導く。しかしヴェルマが巻き返しを図ったため、ロキシーも妊娠を装い、話題づくりで拮抗する。ビリーの巧みな弁舌で無罪を勝ち取るものの、移ろい易い世間の関心は別のスキャンダルに向かう。やむなくロキシーとヴェルマは悪名コンビを組んで売り出す……。

独善や欺瞞を徹底的に戯画化したミュージカル・ナンバーが面白い。女看守モートンの「ママによくしてくれたら」は、監獄を鶏小屋に見立て、自ら雌鶏を任じるモートンが〈私のヒヨコたちよ、私によくしてくれたら私もよくしてあげるわ〉と唆す歌。暗喩を装いながら、露骨に賄賂を要求する臆面のなさがおかしい。悪徳弁護士ビリーがうそぶく「愛こそすべて」も、そらぞらしい建前を羅列した偽善的なナンバーだ。記者会見を歌にした「双方が銃に手を伸ばした」では、ビリーの舌先三寸に手もなく踊らされる報道陣の姿が滑稽に描かれる。一方、ロキシーの妊娠を知らされた夫エイモスが、一顧だにされず歌う「ミスター・セロファン」は、彼の影の薄さを誇張して映し出す。法廷でビリーの歌う「ラズル・ダズル」は、ご機嫌な歌に乗せて裁判を都合よく進めてしまう趣向が痛快だ。

オープニング・ナンバーの「オール・ザット・ジャズ」がよく知られている名曲で、フォッシーの伝記映画のタイトルにもなった。終幕でロキシーとヴェルマがデュエットする「近頃は」が、しみじみとした好ナンバー。フォッシーが振付した緊縛的でセクシーなダンスも伝説となっている。

大女優のグウェン・ヴァードンとチタ・リヴェラが共演した。936公演。トニー賞は10部門でノミネートされたが、次に述べる名作とかち合ったために1部門も受賞しなかった。しかしながら、1996年リヴァイヴァル版（ウォルター・ボビー演出、アン・ラインキング振付）は初演を桁違いに上回る大ヒットとなり、現在、8000回以上の公演を重ねて歴代ロングラン記録の2位につけている。トニー賞もベスト・リヴァイヴァルを始め6部門で受賞した。これほど初演とリヴァイヴァル版とで評価・興行成績の異なる作品は類を見ない。2002年に映画化され、『オリヴァー!』以来35年ぶりとなるアカデミー賞作品賞を受賞。久しく下火になっていたミュージカルの映画化は、これを機に再び拍車がかかった。

『コーラス・ライン』がロングラン更新

前述の名作『コーラス・ライン A Chorus Line』(1975年)は、アンサンブル・ダンサーのオーディションをそのままミュージカルにした、極めてユニークな舞台だ。演出・振付のマイケル・ベネットのコンセプトに基づく。マーヴィン・ハムリッシュ作曲、エドワード・クリーバン作詞。ジェイムズ・カークウッド&ニコラス・ダンテ台本。

新作ミュージカルの最終オーディションに男女17人が残った。採否を決める演出家ザックはダンスの技能だけでなく、応募者に自らのプロフィールを語らせる風変わりな審査をする。そこでは、家庭での軋轢、思春期の悩み、容姿コンプレックス、同性愛者の葛藤、不安と恐れなど、友人にも語ったことのない赤裸々な告白がなされる。応募者の中には、かつてザックの恋人で、ハリウッドに挑んだ女優キャシーの姿もあった。今は仕事にあぶれている彼女は、あえてアンサンブルの一人に戻ろうと志願し、ザックが抵抗する……。

広義のバックステージものだが、ストーリーらしいストーリーはないコンセプト・ミュージカルだ。切ない恋愛でも、痛快な出世でも、愉快な騒動でもなく、夢を抱く等身大の若者たち一人ひとりを温かく描いたあたりが広範な共感を誘った。ベネットは数多くのダンサーから体験談を聞き、それに基づいて構成したといい、ドキュメントのようなリアリティと生々しい真実の姿を映し出している。夢と希望を謳いあげた青春讃歌でもある。

また、終幕に向かうにつれ高揚感を醸し出す音楽も卓抜だ。合格したダンサーらが金色の燕尾服とシルクハットをまとって、華々しく合唱する「ワン」が圧巻。プエルトリコ系のダイアナが、応募者たちの心情を代弁して〈ベストを尽くした日々に悔いはない〉と歌い上げる「愛のためにしたこと」もメロディアスな佳曲だ。復帰を目指すキャシーが鏡面を背景に激しく踊るナンバー「音楽と鏡」が鮮烈な見せ場を形成した。

公演は『グリース』を抜いて6137回の最多ロングラン記録を樹立した。トニー賞は9部門を制覇した。1985年に映画化。

ミュージカルは常に新しい音楽を取り込んで発展してきた。若者を熱狂させたロックを全面的に採り入れて最初に大ヒットしたミュージカル『ヘア Hair』(1968年)は、内容的にもロックと切り離せない風俗を扱っている。髪を長く伸ばして「ラヴ&ピース」を唱え、ドラッグやロックに興じて自由を謳歌するヒッピーの若者たちを描いたものだ。オフからブロードウェイに進出し、1750公演を記録した。ガルト・マクダーモット作曲、ジェローム・ラグニ&ジェイムズ・ラドー作詞・台本、トム・オホーガン演出。

ヴェトナム戦争の泥沼化に伴い、反戦ムードが高まるニューヨーク。家出をしてオクラホマからヴィレッジにやって来たクロードは、バーガーらヒッピーの仲間と親しくなり、反戦・反体制を標榜して新しい時代を待望する。だが、ある日クロードに召集令状が舞い込む。ヒッピー仲間たちは裸になって抗議集会を開くが、クロードは抗しきれずに徴兵に応じ、まもなくヴェトナムから訃報が届く……。

タイトルは、反体制のシンボルであった長髪に由来する。1幕ラストの抗議集会ではヒッピーたちが薄暗い照明の下でだが全裸をさらけ出し、衝撃を与えた。ほとんどのミュージカル・ナンバーはストーリーを進めるためのものではなく、思想や情念を訴えるロック音楽30曲で押しまくる構成をとった。その意味で革新的な舞台だった。

楽曲は、パワフルで新鮮な魅力に溢れている。水瓶座の時代の到来を予見する「アクエリアス」を始め、「グッド・モーニング・スターシャイン」「レット・ザ・サンシャイン・イン」などの活力に富む合唱曲が、幾多のカヴァーを生んでスタンダード・ナンバーとなった。ラヴ・バラード「フランク・ミルズ」も叙情的でメロディアスな佳曲だ。

しかしながらトニー賞は無冠。1979年に映画化された。

マクダーモットが作曲した、シェイクスピア原作の『ヴェローナの二紳士 Two Gentlemen of Verona』（1971年）もロックと現代風俗で彩り、614公演を重ねた。

全編音楽の『ジーザス・クライスト・スーパースター』

同じくロック音楽を用い、トム・オホーガン演出で話題となったのが『ジーザス・クライスト・スーパースター Jesus Christ Superstar』（ブロードウェイ1971年、ロンドン1972年）だが、これはむしろ英国の作曲家アンドリュー・ロイド＝ウェバーと作詞家ティム・ライスのコンビの登場という点で意義深い。キリスト（ジーザス）最後の七日間を、裏切り者ユダの目から挑発的に描く。オペラのように台詞なしで全編を音楽で綴るロック・オペラだ。

ローマ帝国下のパレスチナ。ユダヤ国王ヘロデが統治していたが、実権はローマ帝国の総督ピラトが握り、さらにユダヤ教の大祭司カヤパが権力を振るい、民衆は三者による圧政に苦しんでいた。そこへナザレの大工の子ジーザスが現れ、民衆に救世主として崇められる。だが使徒の一人ユダは、ジーザスが神と呼ばれる存在と化してゆくのに懸念を覚え、ジーザスを敵視するカヤパ一派に居場所を密告する。捕らえられたジーザスはカヤパ、ピラト、ヘロデ王の三者間でたらい回しにされた挙句、ピラトの手で裁かれ、磔刑に処される……。

ロイド＝ウェバーの楽曲は、一度聴いたら忘れられないキャッチーな旋律に満ちている。ジーザスを慰撫するマグダラのマリア、指弾するユダ、憂慮するジーザスの関係を描くトリオ「すべて大丈夫（今宵安やかに）」（4分の5拍子）、マリアがジーザスへの愛の苦悩を歌い上げる「彼をどう愛したらいいの（私はイエスがわからない）」、ジーザスを前にしたヘロデが寛大さを装いながら間もなくぶち切れる「ヘロデ王の歌」、死者となったユダが現代の視点でジーザスに問う主題歌「スーパースター」は、いずれも屈指の名曲。

楽曲の単なるリプリーズではなく、同じ旋律に異なるタイトル・歌詞・編曲を施して別のナンバーに仕立てる趣向が特徴だ。例えば、前半で民衆がジーザスにあやかって商売をする「神殿」（8分の7拍子）と、後半で逮捕された彼を糾弾する「逮捕」は歌詞とテンポこそ異なるが同一メロディであり、民衆の移り気な情動を対比的に表現する。ジーザスが死を予感する「哀れなエルサレム」と、人々から非難される悪夢から醒めたピラトが悄然と歌う「ピラトの夢」も同じ旋律で、対照を示す。ジーザスが神に問う懊悩の歌「ゲッセマイネ」と、磔刑となったジーザスがさらされる終幕のインストゥルメンタル「ヨハネ伝19章41節」も同一のメロディからなり、苦悩の末の非情な荘厳さを醸し出している。

ワーグナーのオペラを嚆矢とする、モチーフをのちに活用するライト・モチーフの手法は、ジェローム・カーンのオペレッタ的なミュージカル『ショー・ボート』には見られるが、以降ほとんど見かけなくなる。ロイド＝ウェバーはこれを再び現代ミュージカルとして復権させたといえる。この手法は、ロンドン・ミュージカル、ひいては欧州ミュージカルの特質として受け継がれてゆく。

711公演（ロンドン3358公演）。トニー賞は無冠に終わった。『ヘア』や、前章で触れた『グリース』（1972年）共々、トニー賞の投票権を握る玄人筋は、初期のロック・ミュージカルを評価しようとはしなかった。1973年に映画化。

『ジーザス――』と同時期に、やはりキリストを描いたロック・ミュージカル『ゴッドスペル Godspell』（1971年）がオフ・ブロードウェイで幕を開けた。スティーヴン・シュワルツ作曲・作詞、ジョン＝マイケル・テベラック台本・演出。

ジーザスの半生を現代の若者たちが劇中劇として演じる。ジーザスは道化のメイクにスーパーマンもどきのTシャツ姿で教えを説き、弟子たちはフラワー・チルドレンのいでたちで登場した。新約聖書「マタイ伝」のエピソードを楽曲とスケッチで綴る構成で、一貫したプロットはない。この舞台は、ジーザスの布教コミュニティと、理想を求めて結束する同時代の若者たちとを重ねて描き出したものだ。神への敬愛を説く「デイ・バイ・デイ」がヒットし、オフではあるが2651公演を重ねた。1973年に映画化。76年にオン・ブロードウェイに進出した。

この成功により、シュワルツは大学時代に詞曲を書いた『ピピン・ピピン』を改めた『ピピン Pippin』（1972年）の上演に漕ぎ着けた。ナイーヴな王子ピピンの自分探しの旅を描いた貴種流離譚。コメディア・デラルテの劇団がマジック・ショーを上演するとの枠組みを設け、進行役のリーディング・プレイヤーが率いる劇中劇の形でストーリーが進められる。ロジャー・O・ハーソン台本、ボブ・フォッシー演出・振付。

神聖ローマ帝国のピピン王子は非凡なるアイデンティティを確立しようと、まず戦争に、次いで性愛に目標を定めるが、体験してみても虚しさを禁じえない。次には革命を志し、暴君の悪名高い父を殺して王座につくものの、世間知らずのゆえに失政を招く。やがて憔悴しきったピピンを介抱してくれた未亡人の農場で暮らし始め、額に汗する平凡な家庭生活に喜びを見出しかける

（ここまでは『キャンディード』に似ている）。ところが、リーディング・プレイヤーはここで、炎の中で焼け死ぬ壮大なフィナーレを演じるよう、ピピンに命じる。彼はこれを拒んで主役の座を降り、華やかな虚構が消えた裸舞台にぽつねんと取り残される……。

リーディング・プレイヤーを置くメタ的な構造はフォッシーのアイデアで、ダーク・トーンの振付も評判を呼んだ。楽曲では、ピピンの祖母が人生の享楽を説くメロディアスな「もう時間がない」がショー・ストッパーになった。ピピンが非凡の高みを目指す「コーナー・オブ・ザ・スカイ」、同じくピピンの「モーニング・グロー」、終盤で未亡人の歌う「あの人を失くすだろう」はカヴァーを生んでヒット曲となった。冒頭でリーディング・プレイヤーがショーを導入するナンバー「マジック・トゥ・ドゥ」、ピピンと未亡人のデュエット「ラヴ・ソング」も好ナンバー。

１９４４公演。トニー賞は、演出・振付など5部門を獲得した。

続いてシュワルツは『マジック・ショー The Magic Show』（１９７４年）を手掛けた。ボブ・ランドール台本。グローヴァー・デイル演出。奇術師ダグ・ヘニングのマジックを音楽に乗せて披露するショー。経営が傾いたナイトクラブがマジック・ショーを演し物にして財政再建を図る、といった外枠のストーリーを置く。

トニー賞は無冠だったが、１９２０公演を重ねた。作曲・作詞とも手掛けるシュワルツはデビューから3作連続、１９００回以上のロングランを記録する大ヒットを飛ばしたわけだが、次なるヒット作（それもメガ・ヒット）は21世紀が明けてからのことになる。

ソンドハイムの快進撃

1970年から、のちに「ブロードウェイの巨匠」と呼ばれる作曲・作詞家スティーヴン・ソンドハイムの快進撃が始まる。70年代、演出家のハロルド・プリンスと組んで5本のミュージカルを放ち、その第一作となったのが『カンパニー Company』(1970年)だ。ジョージ・ファース台本。

独身男ロバートが暮らすニューヨークのアパートメント。彼の35歳の誕生日パーティーに集まった仲間たち(カンパニー)は口々に結婚を勧める。ロバートがそれぞれの結婚生活を思い浮かべると——。ハリーとサラはそれぞれ趣味的な別世界に興じ、ピーターとスーザンは離婚に合意したおかげで仲睦まじく、デヴィッドとジェニーは仮面夫婦を演じ、ポールとエミーは長年の同棲生活に終止符を打って結婚しようとした矢先に衝突、ラリーとジョアンは結婚と離婚を繰り返していた。一方、ロバートは三人のガールフレンドともしっくり来ない。都会人の現代的でドライな生き方が浮き彫りになる……。

五組のカップルのストーリーを、その結婚生活を覗き回る独身男性の誕生パーティーによって一つに束ねたコンセプト・ミュージカルだ。終幕でロバートが〈独りでは生きてゆけない〉と認識する「ビーイング・アライヴ」が代表曲。合唱曲「サイド・バイ・サイド」、けだるいデュエット曲「バルセロナ」、ジョアンが有閑マダムを皮肉って歌う「ランチするレディたち」など味わい深い曲が多い。

705公演。トニー賞は作品など6部門で受賞した。

続いてソンドハイムは、往年のスターが集う同窓会を描いた『フォリーズ Follies』（1971年）を発表した。ジェイムズ・ゴールドマン台本。ハロルド・プリンス&マイケル・ベネット演出。

取り壊しが決まったくすんだ劇場に、かつて脚光を浴びたレヴュー「フォリーズ」のスターたちが集まる。女優フィリスは政治家ベンジャミンと結婚して上流階級となったが、その結婚生活は幸せではない。旅行家バディと結婚した女優サリーは、若き日に恋したベンジャミンと再会してにわかに恋心を再燃させる。彼らが昔話に興ずるにつれ、1920年代の色鮮やかな舞台へとフラッシュ・バックし、それぞれが思いを歌に託して語る。だが、一刻の回想が過ぎると、古びた裸舞台の上に老年を生きる現実の姿が残されるのだった……。

華やかな劇場の虚構と、ほろ苦い晩年とを対比的に描く1幕もの。回想シーンの楽曲は、往年のレヴューの音楽を模してある。ハッティの歌う「ブロードウェイ・ベイビー」が代表的なナンバー。他の佳曲に、キャルロッタの「アイム・スティル・ヒア」、冒頭の「ビューティフル・ガールズ」、多重唱曲「コーラス・ガールを待ちながら」、サリーの「心をなくして」などがある。

522公演に終わったが、トニー賞は楽曲など7部門をさらった。

続く『リトル・ナイト・ミュージック A little Night Music』（1973年）は、ソンドハイムの最高傑作と評される。イングマール・ベルイマン監督の映画『夏の夜は三たび微笑む』（1955年）のミュージカル化で、真夏の白夜を背景に上流階級の男女の入り組んだ恋模様をつづる。ヒュー・ホイーラー台本。ハロルド・プリンス演出。

20世紀初頭のスウェーデン。20歳の息子ヘンリックを連れて18歳のアンと再婚した中年の弁護士フレデリックは、結婚して1年になるというのに幼妻に手を出せず、彼女はいまだ処女のままだった。片や、神学校に学ぶ内向的なヘンリックは、義母にあたるアンに恋心を抱き始める。フレデリックはアンを誘って観劇に出かけるが、舞台の主演女優デジレはかつてフレデリックの恋人だった。芝居が始まり、デジレの顔を見た瞬間、アンはフレデリックとデジレとの関係に疑心暗鬼になる。

フレデリックはデジレの宿を訪ねて十四年ぶりの再会を果たす。恋心を再燃させた二人は寝室へと向かう。そこへデジレの目下の恋人、軍人カール＝マグナス伯爵が来訪し、バスローブ姿のフレデリックと鉢合わせする。デジレはなんとかその場を取り繕うものの、二人の仲を怪しんだ伯爵は妻のシャーロットに、フレデリックの身辺を探るように頼む。彼女はアンと会って洗いざらい話し、二人は共に夫がデジレに寝取られたことを慰め合う。

一方、デジレは週末、フレデリック一家と伯爵夫妻をカントリー・ハウスに招待する。三組の男女が一堂に会し、皮肉の応酬が始まって気まずい雰囲気に陥る。二人きりになりたいフレデリックとデジレ、デジレを独占したい伯爵、伯爵の愛を取り戻したいシャーロット、ヘンリックに協力するアン、アンに求愛するヘンリック、と六人の思いが錯綜する。やがてアンはヘンリックと駆け落ちし、妻と息子を一遍に失ったフレデリックは、デジレこそ最愛の女性だったと思い知る……。

『リトル・ナイト・ミュージック』初演舞台（1973年）。デジレ役のグリニス・ジョーンズ（手前）（Photofest／アフロ）

タイトルは、モーツァルトの器楽曲「アイネ・クライネ・ナハトムジーク」へのリスペクト。楽曲はすべて4分の3拍子ないしその倍数で書かれており、エレガントな室内楽的編曲で統一してある。ソンドハイムの曲はいささかハイ・ブローで、親しみやすいとは言い難い。だがその中では、終盤で失恋したデジレが自嘲的に歌う「センド・イン・ザ・クラウンズ（道化師を呼んで）」が、しみじみとした名曲として知られ、多くのカヴァーを生んでスタンダード・ナンバーとなった。その次の場で、メイドのペトラがはかない夢を歌い上げる「粉屋の息子」も捨て難い好ナンバー。2幕冒頭に歌われる北欧の白夜を彩る合唱曲「太陽は沈もうとしない」が、1幕序盤のインストゥルメンタル「ナイト・ワルツ」と同じ旋律で、象徴的なテーマ曲だ。

601公演。トニー賞は作品など6部門を

獲得した。1977年に映画化された。

『カンパニー』から本作までは、ソンドハイムの「ソフィスティケート3部作」と呼ばれる。ミュージカルはしばしば、夢の実現とりわけ結婚をハッピーエンドに持ってくるのが定石であったが、ソンドハイムは結婚後も連綿と続く人生の苦い現実を仮借ない心理描写と共に露わにする。その意味で大人のミュージカルであり、楽曲も大衆的というよりは、知的で洗練されたものになっている。

次なる『太平洋序曲 Pacific Overtures』（1976年）は、日本の開国を描いた異色作。ジョン・ワイドマン台本、ハロルド・プリンス演出。

鎖国政策を敷く江戸時代の末期。黒船が浦賀に来航し、開国を迫る。浦賀奉行に命じられた香山は、アメリカ帰りのジョン万次郎の力を得て交渉にあたる。外国人と折衝を重ねるうちに香山は西洋風の考えに染まり、逆に万次郎は伝統に保守的な立場を取る。しかし、二人の対立をよそに時代の歯車は否応なく回り始める……。

歌舞伎の手法を織り込み、狂言回しも置くが、あくまでアメリカ人の理解する日本像。楽曲も、和音階や和楽器を採り入れている。主要な楽曲に「カナガワへようこそ」「木の上の誰か」がある。米軍水夫たちが日本娘を追いかける「プリティ・レディ」も印象的なナンバーだ。

実験作と評され、193公演に終わった。トニー賞は舞台美術など2部門のみ。日本人キャストのうち、語り手を演じたマコ（イワマツ・マコト）が主演男優賞に、香山に扮したイサオ・サトウ（佐藤功）が助演男優賞にそれぞれノミネートされたが、受賞は逃した。

2004年リヴァイヴァル版では、宮本亜門がアジア人演出家として初のブロードウェイ・デビューを飾った。69公演。トニー賞では、リヴァイヴァル作品のほか、舞台美術の松井るみ、衣装のコシノ・ジュンコがノミネートされたが、いずれも受賞には至らなかった。

鮮血ほとばしる『スウィーニー・トッド』

ソンドハイムは次作でさらなる異色作に挑んだ。ブロードウェイ史上、最も気色の悪いミュージカルとも評された『スウィーニー・トッド Sweeney Todd』(1979年)だ。復讐に燃える男が前職の床屋を再開し、髭剃りナイフで客の喉元を見境なく切り裂く猟奇的な物語。クリストファー・ボンドの同名戯曲に基づく。ヒュー・ホイーラー台本、ハロルド・プリンス演出。

産業革命期のロンドン。悪徳判事ターピンに妻ルーシーを横恋慕された理髪師ベンジャミンは、無実の罪をなすりつけられて15年間も流刑にされていた。やっと島を逃げ出した彼は、若い船乗りアンソニーに救助されてロンドンへ帰ってくる。ベンジャミンは彼の床屋があったフリート街で、パイ店を営むラヴェット夫人と再会。彼の妻は死に、娘ジョアンナは判事の養女にされていると聞かされ、いよいよ復讐心を募らせる。彼はスウィーニー・トッドと名を変え、パイ店の二階に新たな床屋を開く。だが彼の正体を知る同業者ピレッリから脅迫を受け、やむなく彼を殺害。死体の始末に困ったトッドとラヴェット夫人は、その肉をミートパイの具材にすることを思いつく。ターピン判事の命を狙っているはずのトッドは、いつしか誰彼となく客の喉を次々と切り、新商品のパイは飛ぶように売れ始める。けれども、近くを徘徊する気の狂った乞食女は、パイ屋から変な臭いがすると触れ回る。

一方、船乗りアンソニーは、判事の家に幽閉されていたジョアンナを見初め、二人はたちまち深い恋仲になる。ところが判事は年頃になった彼女と結婚しようとしていた。アンソニーとジョアンナは駆け落ちを企てるも事前に露見。しかし、この絡みでトッドは判事を店に招くことに成功し、ついにその喉を切り裂く。その際に邪魔になった乞食女も殺すが、実は彼女こそ死んだと思われていた妻の変わり果てた姿だと知り、トッドは自らの命も絶つ……。

オペラ的な壮麗な音楽と鮮血がほとばしる苛烈なストーリーが相まって、異形の空間を生み出し、ミュージカルの可能性を極北まで推し進めた。〈ロンドン一まずいパイ〉と言われていたラヴェット夫人の店が、人肉を入れたら繁盛するなど、ブラック・ユーモアも横溢する。血なまぐさい本筋に対して、清純な若いカップルの愛が対置されている。

復讐心が高じて狂気を帯びるスウィーニーが歌い上げる「顕現（イピファニー）」がドラマティックで、悲壮感を漂わす。冒頭で歌われる「スウィーニー・トッドのバラード」が暗い情念を込めたテーマ曲。一方で、ラヴェット夫人が歌う「ロンドン一まずいパイ」はユーモラスな佳曲だ。アンソニーが恋心を歌い上げる「ジョアンナ」、夫人の使用人の少年が歌う「僕がついている限り」などメロディアスなバラードもあり、楽曲は実に多彩だ。

557公演。トニー賞は作品など8部門を制覇した。2007年に映画化。

◇1970年代のミュージカルで他に主要な作品

•『アプローズ Applause』（1970年） チャールズ・ストラウス作曲、リー・アダムス作詞、ベティ・カムデン&アドルフ・グリーン脚本、ロン・フィールド演出。映画『イヴの総て』（1950年）のミュージカル化。大女優マーゴの付き人となった若いイヴは、純真無垢に見えて実はしたたかな野心を秘めている。計算ずくの言動でマーゴを出し抜いてその役を奪い、わずか1年の間にスターの座にのし上がる。栄光と転落が隣り合わせ、野望と裏切りが渦巻く演劇界の非情な現実を映し出した。原作映画と比べて、イヴのえげつない出世よりも、退場するマーゴの悲哀に重心が移っている。マーゴ役を演じたローレン・バコールが大女優の仲間入りをした。

主題歌「アプローズ〈喝采〉」と、1幕ラストを飾るマーゴの華歌「ようこそ劇場へ」がメロディアスな佳曲で、ショー・ビジネス讃歌として広く親しまれている。主題歌を歌うのが主役ではなく、脇役のボニーと〈ジプシー〉と呼ばれるまだ芽の出ない若手ダンサーたちである点が、希望的なメッセージを感じさせる。ちなみに、この場面で彼らが歌い踊る46丁目のレストラン「ジョー・アレン」は実在する。味はたいしたことはないが、短期間でクローズした失敗作の公演ポスターを壁に掲示していることで知られ、その悪趣味なユーモアによりブロードウェイの名物店となっている。896公演。トニー賞は作品など4部門で受賞。

•『ウィズ The Wiz』（1975年） チャーリー・スモールズ作詞・作曲、ウィリアム・F・ブラウン台本、ジェフリー・ホルダー演出。L・フランク・ボーム作の童話『オズの魔法使い』が原作。この人気童話のミュージカル化は1903年に既になされているが、新たに作られた本作はキャスト全員に黒人を配し、ロックやソウル、R&Bなどを用いた点で現代的な意欲作だった。カンザスに住む少女ドロシーが竜巻で飛ばされ、着陸したオズの国での冒険を経て帰宅するまでのストーリーは原作小説と基本的に同じだが、パワフルで活力に満ちた舞台はブラック・ミュージカルの代名詞になった。

楽曲では、終盤に南の善い魔女グリンダがソウルフルに歌い上げる「信じれば」が代表曲で、信じることの力をドロシーに教える。他に、群衆がリズミカルに歌う「彼が魔法使い」、ドロシーがライオンを励ます「ライオンらしく」、終幕で帰途についたドロシーが歌う「ホーム」などヴァラエティに富む。

1672公演のロングラン。トニー賞は作品など7部門をさらった。1978年に映画化。

●『アニー Annie』(1977年) チャールズ・ストラウス作曲、マーティン・チャーニン作詞・演出、トマス・ミーハン台本。ハロルド・グレイの漫画『小さな孤児アニー』のミュージカル化。大恐慌時代、1933年冬のニューヨーク。孤児院に暮らす11歳のアニーは、粗暴な管理人ハニガンの酷い仕打ちにもめげず、明るく活発に生きている。ある日、大富豪ウォーバックスの秘書が、クリスマスを主人と一緒に過ごす子供を探すために来院し、アニーを選んで連れ帰る。やがてアニーを気に入ったウォーバックスは養女にしようとするが、そこにハニガンらの企んだ邪魔が入る。しかし、ウォーバックスは大統領の力を借りて策略を暴き、晴れてアニーを養女に迎える。

金持ちに救われる孤児という点では『オリヴァー！』とも重なる、類型的なシンデレラ・ストーリーであったが、往時のルーズヴェルト大統領を登場させ、かつての大恐慌時代と不況にあえぐ70年代現在とを切り結んで、苦境をよそに前向きに生きる姿に今日性を持たせた。何より、心温まるストーリーと楽曲のよさで幅広い世代の人気を博した。

特に、1幕でアニーが明日への希望を託して歌い、2幕ではルーズヴェルト大統領までも鼓舞してしまう「トゥモロー」がメロディアスな名曲。1幕冒頭でアニーが歌う「メイビー」、孤児院の子らが逆境のさなかで潑剌と歌う「厳しい人生」、2幕冒頭の合唱「おしゃれの仕上げは笑顔」、ウォーバックスが財産や名誉よりも大切なものに気付く「何かが足りない」、終盤のウォーバックスとアニーとのデュエット「必要なのはあなただけ」なども好ナンバーだ。

2377公演のロングランを記録した。トニー賞は作品など7部門を制した。1982年と2014年に映画化された。

11.

ロンドン・ミュージカルの席捲

エヴィータ

ヨセフと不思議なテクニカラーのドリームコート

キャッツ

スターライト・イクスプレス

ミー・アンド・マイ・ガール

レ・ミゼラブル

オペラ座の怪人

ミス・サイゴン

サンセット大通り

1980年代はロンドン・ミュージカルがブロードウェイを席捲した時代だった。それも並みのブームではない。それまでの最長ロングラン記録3傑を塗り替えてしまうほどのメガ・ヒット作が相次ぎ登場したのである。

ロンドン産で初のトニー賞作品賞

ロンドン・ミュージカル隆盛の先駆けとなったのは、1980年のトニー賞作品賞を受けた『エヴィータ Evita』（ブロードウェイ＝BW1979年、ロンドン初演1978年）だ。外国産ミュージカルが作品賞を受賞したのは史上初で、外国産の最多ロングラン記録も『オリヴァー！』を大きく更新した。これがロンドン時代の幕開けを告げる象徴的な出来事だった。アンドリュー・ロイド＝ウェバー作曲、ティム・ライス作詞、ハロルド・プリンス演出。作詞・作曲コンビの前作『ジーザス・クライスト・スーパースター』同様、ストーリー全編がほとんど歌で運ばれる。

アルゼンチンの大統領ペロンの夫人となって権力を振るった、エヴァ・ペロンの波乱に富んだ生涯をつづる。寒村に私生児として生まれたエヴァはブエノスアイレスに上京し、歌手として売り出す一方、男を踏み台にして権力の座に近づき、ついにはファースト・レディに昇り詰める。彼女は国際親善、社会福祉などに飛び回ったが、その一方でバラマキ行政などと非難される。政権の中にも批判が高まる中、エヴァはガンのため33歳で早世する。この舞台はエヴァの訃報と葬儀に始まり、回想の日々を経て再び葬儀の場で終わる。

基本的にはサクセス・ストーリーなのに、彼女を批判的に見るチェ（革命家チェ・ゲヴァラと思われる人物）がシニカルな狂言回しとして物語を進行させる点が斬新で、この発想はユダを視点人物とした前作と共通する。プリンスの演出は写真や映像を駆使して、野心を秘めたエヴァの出世物語をスキャンダラスに描き出した。

音楽はラテン調のポピュラー。大統領夫人に昇り詰めたエヴァが、大統領官殿のバルコニーから民衆に呼びかけて歌う「アルゼンチンよ、泣かないで」が代表曲で、世界的に大ヒットした。このメロディは、リズムや編曲が大幅に異なるものの、冒頭でエヴァの死を悼む民衆に向けてチェが揶揄的に歌う「なんたるサーカス」と同一であり、モチーフの対比的な活用が見られる。葬式を奏でる序曲「エヴィータへのレクイエム」と、終幕でエヴァが生涯を回顧する辞世の歌「悲しみ」も同じ旋律で、その死を通底させている。ファースト・レディとなってなお、上昇に血道を上げるエヴァを表現した「ハイ・フライング・アドード」「レインボウ・ハイ」も、主題と主人公像を掘り下げて印象的。ほかにも、1幕でエヴァがペロンに取り入る「私はあなたにうってつけよ」、ペロンの若い愛人がわびしく嘆く「スーツケースを下げて転々」、2幕後半でペロンがエヴァをかばう「彼女はダイヤモンド」がメロディアスな佳曲だ。

1567公演（ロンドン3176公演）。トニー賞は7部門を制した。1996年に映画化。

その勢いで、ロイド＝ウェバーとライスのコンビが1968年に書いたデビュー作『ヨセフと不思議なテクニカラーのドリームコート Joseph and the Amazing Technicolor Dreamcoat』（BW19

82年、ロンドン・ウエストエンド初演1973年）が上演された。トニー・タナー演出。

旧約聖書の創世記に材を取ったミュージカル。ヤコブの息子ヨセフは父親の寵愛を受けて天然色のコートを与えられるが、他の兄弟から妬まれて奴隷としてエジプトに売り飛ばされる。だがヨセフは夢予言の能力のおかげでエジプト王に見込まれ、出世して兄たちを見返す。進行役のナレーターを置く構造には、後続作品の萌芽が見られる。

楽曲は、ポップス、ロック、バラード、カントリー&ウエスタン、カリプソなど幅広いジャンルを網羅し、のちに作品の度に音楽のテイストを一変させるロイド＝ウェバーの資質がいかんなく発揮されている。終幕でヨセフが歌う「エニィ・ドリーム・ウィル・ドゥ」が主題歌でヒット曲にもなった。ナレーターが物語を進める快調なポップス「ヨセフのコート」「プア、プア・ヨセフ」、幽閉されたヨセフが絶唱する短調のバラード「扉を閉ざされて」、エジプト王ファラオのロカビリー「王の歌」（『ジーザス・クライスト・スーパースター』の「ヘロデ王の歌」を予見させる）、貧窮したヨセフの兄弟が歌う「カナンの日々」、弟ベンジャミンの「ベンジャミンのカリプソ」など多彩でキャッチーな歌が多い。

747公演。トニー賞は無冠。

『キャッツ』がロングラン更新

続いてロイド＝ウェバーは、ティム・ライスとのコンビを解消し、登場人物は猫のみというユニークなダンス・ミュージカル『キャッツ Cats』（BW1982年、ロンドン初演1981年）を手掛けた。T・S・エリオットの詩集『ポッサムおじさんの猫とつき合う法』（1939年）に収められたさまざまな猫の詩に曲をつけたもので、個性的な猫たちのユーモラスな造形と、シャープで活力あふれるダンスが見どころ。トレヴァー・ナン演出、ジリアン・リン振付。

月夜、都会の片隅に集った猫たちが、次々に歌とダンスを披露する。日だまりを愛する「張りつき猫」、人間の思い通りにならない「つっぱり猫」、街をエレガントに闊歩する「ダンディ猫」、コンビで悪事を働く「泥棒猫」、劇場の楽屋口に住みついた「役者猫」、ずっと昔から通りに佇む「長老猫」……。いずれも猫の特徴を誇張したキャラクターで、猫たちが躍動する振りも、ジャズ・ダンス、タップ、バレエ、アクロバットなど多彩だ。

こうしたレヴューの中に、最も卑しい存在である「娼婦猫」が栄誉ある「ジェリクル・キャット」に選ばれ、猫たちの天国「ヘヴィサイド・レイヤー」へ昇天してゆくシンプルなストーリーが軸として織り込まれる。猫と等身大のガラクタを配した円形劇場での上演で、観客は終盤、荘厳な救済劇に立ち会うことになる。

ポップで耳に残る楽曲の魅力も大きい。「娼婦猫」グリザベラの歌うバラード「メモリー」は世界的にヒットし、スタンダード・ナンバーとなっている。序盤の合唱曲「ジェリクル・キャッツのためのジェリクル・ソング」を始め、張りつき猫ジェニーエニードッツの「オールド・ガンビー・キャット」、つっぱり猫の「ラム・タム・タガー」、ダンディ猫の「バストファー・ジョーンズ」、泥棒猫の「マンゴジェリーとランペルティーザー」、長老猫の「オールド・デュトロノミー」、役者猫の「ガス」、鉄道猫の「スキンブルシャンクス」、魔術猫の「ミストフェリーズ」、フィナーレを飾る「猫の宣言」など、優れたメロディラインを持つ佳曲のオンパレードだ。

子供でも楽しめる内容とあって7485公演を数え、『コーラス・ライン』を抜いて最多ロングラン記録を更新した（ロンドン8949公演）。トニー賞は作品など7部門をさらった。

ロイド＝ウェバーは次作も寓話路線に挑んだ。『スターライト・イクスプレス Starlight Express』（BW1987年、ロンドン初演1984年）は、おんぼろ蒸気機関車が、馬力を誇るディーゼル機関車や最新鋭の電気機関車ら強豪を相手に、鉄道レースを制する物語。リチャード・スティルゴー作詞、トレヴァー・ナン演出。

擬人化された鉄道列車たちはローラースケートを履いて、客席を囲む「線路」を猛スピードで駆け抜ける。食堂車、寝台車などセクシーな女性たちも登場し、テクノロジーを駆使したスペクタクルが目を奪う。楽曲はロックンロール、R&Bなど懐かしいサウンドに加え、当時流行したテクノ・ポップやラップを早くも採り入れている。1幕ラストで、主人公の蒸気機関車ラスティが満天の星の下で歌う「スターライト・イクスプレス」がキャッチーな名曲で、主題歌に親しみやすい旋律を持ってくるロイド＝ウェバーのセンスはさすが。ラスティと食堂車パールの愛を彩るデュエット曲「オンリー・ユー」も好ナンバーだ。他にも、ディーゼル機関車の「ローリング・ストック」、車掌車の「僕がいるよ」、孤独な客車ダイナの「U. N. C. O. U. P. L. E. D」などメロディアスな佳曲が多い。

ロンドン公演は7406回の超ロングランを記録したものの、ブロードウェイでは761公演に留まり、トニー賞は衣装デザインの1部門のみだった。

一方、ロンドンで時ならぬリヴァイヴァル・ヒットとなった『ミー・アンド・マイ・ガール Me and My Girl』(BW1986年、ロンドン再演1985年)が、ブロードウェイにも上陸した。ロンドン初演は1937年で、その当時、最多ロングラン記録を保持していた『チュー・チン・チョウ』(1916年、2238公演)に次ぐ1646公演を記録した往年の名作だ。ノエル・ゲイ作曲、ダグラス・ファーバー&L・アーサー・ローズ作詞・台本、マイク・オクレント演出、ジリアン・グレゴリー振付。

資産家のヘアフォード伯爵が亡くなり、長いあいだ行方知れずだった婚外子、下町育ちの野卑なビルが、にわかに跡取り候補に浮上する。一族はビルを名家にふさわしい紳士に育てるべく教育を始めるが、自由奔放なビルは貴族のしきたりに馴染めず、さらに下町に残した恋人サリーの存在が足を引っ張る……。いわば、男性版『マイ・フェア・レディ』といった話だが、無類の明るさとノスタルジックな魅力をまとっている。

1幕ラストで、伯爵家に乱入した下町の仲間たちが盛大に歌い踊る「ランベス・ウォーク」が、極めてシンプルなメロディながら、喜悦感があふれる出色のナンバー。2幕後半、下町でビルが愛するサリーをあてどなく待つ「街灯に寄りかかって」もメロディアスな佳曲だ。ビルとサリーが歌う軽快な主題歌「ミー・アンド・マイ・ガール」、サリーがビルの出世のために身を引こうとする「一度ハートを失くしたら」、肖像画の祖先たちが忽然と蘇る「ヘアフォードの歌」など耳に快いナンバーが多い。なお「ランベス・ウォーク」は、日本では早くも1939年に松竹少女歌劇団が披露している。

1420公演（ロンドン再演3303公演）。トニー賞は振付など3部門を受賞。

名曲の宝庫『レ・ミゼラブル』

その上、ロンドンで製作された別の作曲・作詞コンビによる名作が、ブロードウェイでも大ヒットした。ヴィクトル・ユゴーの大河小説をミュージカル化した『レ・ミゼラブル Les Misérables』（BW1987年、ロンドン初演1985年）は、クロード＝ミッシェル・シェーンベルク作曲、アラン・ブーブリル&ジャン・マルク・ナテル作詞、ブーブリル&シェーンベルク台本によるフランス版（1980年パリ初演）がもともとのオリジナル。これを、英国ロイヤル・シェイクスピア・カンパニー（RSC）のトレヴァー・ナンとジョン・ケアードの潤色・演出によって大幅に構成・楽曲を練り直したロンドン版が、その後、世界各地で大当たりした。ハーバート・クレッツマー英語訳詞、ジョン・ネピア美術。

パン一斤を盗んだ罪で19年間も投獄されたジャン・ヴァルジャンが、仮釈放を破って身をくらまし、やがて名を変えて工場経営者・市長となる。彼を執拗に追う警部ジャヴェールとの因縁の対決が物語の縦軸をなす。ヴァルジャンの工場を馘首された薄幸の女工ファンティーヌ、その死を看取ったヴァルジャンが引き取って養育する彼女の娘コゼット、コゼットをこき使っていた里親テナルディエ夫妻、長じてパリに移り住んだコゼットと恋仲になる革命運動の闘士マリウス、マリウスに恋心を寄せるエポニーヌら多くの個性的な脇役を横軸に配して、虐げられた人々や蜂起する学生ら民衆をダイナミックにつづった群像劇だ。

長尺の原作小説を手際よくダイジェストし、1815年から十数年にわたる多分に悲劇的な物語を、こよなくドラマティックなミュージカルに仕立てた。回り舞台を駆使し、パリの貧民街が革命運動のバリケードに変わるといった効率的な装置を伴って、流れるようなステージングが雄弁にストーリーを推し進める。英国版で改訂された点では、さまざまな対立構図の深化、効果的な楽曲の追加と反復、フィナーレの分厚さなどの秀逸な工夫が挙げられる。

ロイド＝ウェバー作曲のミュージカル同様、ほぼ全編を歌で構成する。オペラのように重厚で流麗なミュージカル・ナンバーは、珠玉の名曲の宝庫。まずは、転落したファンティーヌが声を振り絞る悲惨のバラード「かなわぬ夢」、愛するマリウスに振り向いてもらえないエポニーヌの傷心の歌「オン・マイ・オウン」、蜂起した学生らが熱く歌い上げる「民衆の歌が聞こえるか？」が感動的な代表曲。ヴァルジャンが葛藤を吐露する「私は誰？」、同じく若いマリウスの生還を祈る「彼を家に」に実直な思いがみなぎる。ジャヴェール警部が正義の真情を訴える「星々よ」、テナルディエ夫妻が能天気に歌い踊る「宿のあるじ」など、敵役にも魅力的な華歌が与えられている。幼いコゼットがけなげに歌う「雲の上のお城」、果敢な少年ガヴローシュの「ルック・ダウン」など、子役も愛らしい歌を披露する。

さらに恋に目覚めたコゼット、マリウス、エポニーヌのトリオ「愛でいっぱいの心」、決戦を前に闘士たちが静かに合唱する「乾杯しよう」、独り生き残ったマリウスが悄然と歌う「空《から》のテーブルと椅子」がメロディアス。1幕フィナーレ「あと一日」は、「かなわぬ夢」と「私は誰?」を重ねて構成した多重唱で、それぞれの思いが重層的に浮かび上がる。幕切れでは、死者たちが「民衆の歌が聞こえるか?」をリプリーズし、深い感銘をもたらす。

6680公演の超ロングランを記録した。トニー賞は作品など8部門を制覇。2012年になって映画化された。

ロイド＝ウェバーの最高峰『オペラ座の怪人』

そしてロンドン産の決定的な力を見せつけたのが、アンドリュー・ロイド＝ウェバー畢生の傑作『オペラ座の怪人 The Phantom of the Opera』(BW1988年、ロンドン初演1986年)だ。ガストン・ルルーの同名小説(1911年)を原作とし、パリ・オペラ座の地底湖に棲みつく醜い容貌の怪人と、歌姫クリスティーヌとの切なく無残な純愛を描く。チャールズ・ハート&リチャード・スティルゴー作詞、スティルゴー&ロイド＝ウェバー台本、ハロルド・プリンス演出、ジリアン・リン振付、マリア・ビョルンソン舞台美術・衣装。

オペラ座では怪奇な出来事が多発し、辟易したプリマ・ドンナが降板する。音楽の才を誇る怪人に指南を受けたコーラス・ガールのクリスティーヌが、代わって主役の座を射止め、喝采を博する。幼馴染のラウル子爵がクリスティーヌの楽屋を訪れる矢先、怪人は彼女を地底深く連れ去

『オペラ座の怪人』ロンドン初演舞台（1986年）。怪人役のマイケル・クロフォード（左）とクリスティーヌを演じたサラ・ブライトマン（REX FEATURES／アフロ）

る。地下の棲家で怪人とクリスティーヌは愛を交わすが、彼女はつい怪人のマスクを剝ぎ取り、そのおぞましい素顔を見てしまう。やがてクリスティーヌを解放した怪人は、オペラ座に対して次々と要求を押し付ける。一方、ラウルはクリスティーヌとの愛を深める。その様子を見て激怒した怪人は、容赦なくシャンデリアを客席に落下させる。

大晦日の仮面舞踏会に髑髏の仮面をつけて紛れこんだ怪人は、自作のオペラの楽譜を突きつけて上演を迫る。支配人らは要求をのむ一方で、怪人を捕獲しようと網を張る。その自作オペラの舞台では、怪人がドン・ファン役の男優を殺して入れ替わり、クリスティーヌと共演する。そして衆人環視のもと、再び彼女を連れ去る。それを追って地下に降りたラウルは怪人の罠にかかり、首をロープで吊るされる。怪人はクリスティーヌに、自分を取るか、ラウルを取るかと選択を迫る……。

原作小説は怪奇色が濃いが、ロイド＝ウェバーは怪人の純愛と孤独に重心を置き、哀切でロマンティックな物語に仕立てた。絢爛な美術と衣装、怪人の神出鬼没ぶりなど、ヴィジュアルな見せ場も満載。怪人がクリスティーヌを地下に連れ去り、地底湖から燭台がせり上がってくる中、彼女を乗せたゴンドラを怪人が漕ぎ進むシーンは息をのむ美しさだ。1幕ラスト、ラウルとクリスティーヌがオペラ座の屋上で愛を交わすのに嫉妬した怪人が、シャンデリアを落下させる演出は大評判を呼んだ。クリスティーヌは早くに亡くした父への思慕が強く、父が眠る墓地と怪人の棲む地下とを重ねることで、怪人に惹かれる動機を裏打ちする。地上（屋上）の愛＝ラウルと、地下の愛＝怪人との対照があり、シャンデリアの落下など昇降の構図を随所に配してドラマ性を高めている。

音楽はロイド＝ウェバーの最高峰。怪人がクリスティーヌを地下に連れ去る場面で二人がデュエットする表題曲「オペラ座の怪人」は、メロディ自体が観客をも異界に導くような下降音階となっている。その直後、地下の棲家で怪人が歌う「ミュージック・オブ・ザ・ナイト」は、切ない心情がほとばしる名バラード。クリスティーヌらが歌う「音楽の天使」（クリスティーヌと怪人は、互いに相手をこう呼ぶ）は、一度聴いたら耳から離れないキャッチーなナンバーだ。ほかにも、クリスティーヌがこの一曲でヒロインに成長する「私を想って」、屋上でラウルとクリスティーヌがデュエットする「オール・アイ・アスク・オブ・ユー」、怪人の脅迫文をめぐる七重唱「プリマ・ドンナ」、クリスティーヌが墓前で父を思う「どうかまたここにいてくれたら」など、甘美で流麗なメロディにあふれている。プロローグでオルゴールが奏でるあえかな旋律が、2幕冒頭を飾る「仮面舞踏会」の華麗な合唱に変ずるなど、モチーフを異なる形で活用する手法も健在だ。

1万1700公演を超えて、現在なおロングランを続ける。ロイド＝ウェバー自身の作曲による『キャッツ』を抜き、史上最多ロングラン記録を更新中だ。トニー賞は作品など7部門を制覇した。ただし楽曲賞は受賞を逸し、代わってソンドハイムの『イントゥ・ザ・ウッズ』（後述）が受賞したのは、ブロードウェイの地元贔屓ではないか。2004年に映画化。

ヴェトナム戦争の悲劇『ミス・サイゴン』

90年代に入って、クロード＝ミシェル・シェーンベルクとアラン・ブーブリルの作曲・作詞コンビは『レ・ミゼラブル』に続くヒットを放った。『ミス・サイゴン Miss Saigon』（BW1991年、ロンドン初演1989年）は、プッチーニのオペラ『蝶々夫人』をヴェトナム戦争に置き換えたものだ。ブーブリル＆シェーンベルク台本、ニコラス・ハイトナー演出、リチャード・モルトビー・ジュニア英語訳詞、ジョン・ネピア美術。

1975年、戦争末期のサイゴン（現・ホーチミン）。村も両親も失った少女キムは、売春クラブを営んでしたたかに生き延びるエンジニアに拾われ、店に出る。最初の客は、戦争の虚無感に打ちひしがれた純情なアメリカ人青年クリスだった。慣れない一夜を共にした二人は恋に落ちる。

キムにはトゥイという親が決めた婚約者がいたが、クリスはキムを故国に連れ帰ると約束する。しかしサイゴン陥落が迫り、アメリカ大使館前に詰めかけた群衆に揉まれたキムはクリスと合流できない。キムを残したまま、クリスを乗せた最後のヘリが無情にも飛び立つ。

1978年春、終戦後のヴェトナム。社会主義国家の人民委員長となったトゥイはエンジニアを使って、難民キャンプに身を潜めていたキムを探し当て、結婚を迫る。しかし、キムにはクリスとの間にできた息子タムがいた。逆上したトゥイがタムを殺そうとしたため、とっさにキムはトゥイを撃ち殺してしまう。米国人の血を引くタムの存在がアメリカ行きパスポートに見えたエンジニアは、キム親子を率いて国境を越えてゆく。

一方、米国では、クリスは帰国後まもなくエレンという女性と結婚したが、なお戦時の悪夢にさいなまれていた。彼の戦友ジョンは、米兵とヴェトナム女性との間に生まれた混血児〈ブイドイ〉の救援活動に従事している。ジョンからキムの消息を知らされたクリスはキムに会おうと、エレン、ジョンと共に旅立つ。

同年秋、バンコク。キャバレーの客引きをしていたエンジニアは、ジョンにばったり出くわす。エンジニアから、クリスがバンコクに来ていることを聞かされたキムは、彼の宿泊するホテルに直行する。しかし、部屋にいたのは妻のエレンだった。事情を飲み込んだキムはクリスに、息子タムをアメリカに連れ帰ってくれるように頼み、その実行を確実なものにするため、自らの命を絶つ……。

戦争がもたらした悲劇的な恋愛ドラマを、ダイナミックな音楽とスペクタクルで迫真的に描いた巨編。右記のストーリーは時系列の順に提示されるわけではなく、キムとクリスがはぐれるサイゴン陥落シーンは2幕の後半に置かれている。運命の岐路を、バンコクのホテルで再会する場の直前に置いたことで、悲劇性がいや増した。また、サイゴン陥落直前の大使館には実物大のヘリコプターを飛来させ、緊迫感の高い脱出シーンを演出した。

やはり全編をほとんど歌で綴る。1幕ラストで、トゥイを射殺したキムが息子への無償の愛を歌い上げる「命をあげよう」が圧巻のバラード。2幕の初めにジョンが人道を訴える「ブイ ドイ」が迫力ある名曲だ。ほかにも、バー・ガールの一人が儚く歌う「ムーヴィー・イン・マイ・マインド」、出会ったばかりのキムとクリスのデュエット「世界が終わる夜のように」、エンジニアがシニカルに歌う「何たるムダ」と「アメリカン・ドリーム」、再会したジョンとキムのデュエット「プリーズ」など、メロディアスな佳曲が多い。

4092公演。トニー賞は3部門のみ受賞。キムを演じたフィリピン人女優、レア・サロンガはアジア人で初の主演女優賞を獲得した。

戦慄的なラスト『サンセット大通り』

ロンドン・ミュージカル全盛の掉尾《とうび》を飾ったのは、やはりロイド゠ウェバー作曲の『サンセット大通り Sunset Boulevard』（BW1994年、ロンドン初演1993年）で、トニー賞は作品など7部門を獲得した。ビリー・ワイルダー監督による名高い同名映画をミュージカル化したもので、時代の波に取り残された女優の無残な老年を描く。ドン・ブラック&クリストファー・ハンプトン作詞・台本、トレヴァー・ナン演出、ジョン・ネピア美術。

借金取りに追われた売れない脚本家ジョーは、時が止まったような大邸宅に迷い込み、往年の大女優ノーマと会う。彼女は銀幕への復帰に妄執を抱いており、自らが書いた脚本「サロメ」の手直しをジョーに依頼し、邸宅に住まわせる。ある日、ジョーは映画スタッフのベティから、お蔵入りになった彼の脚本を書き直そうと打診され、二人の共同作業が始まる。一方、ノーマはジョーに対する束縛を強める。経済的には彼女に依存しながら、ベティに惹かれてゆくジョーは板挟みになる。やがて愛憎が高じてノーマはジョーを殺害し、再びカメラの前で脚光を浴びることになる……。

原作映画自体が傑作だが、主人公の老醜の切なさと、見込まれた青年の葛藤を音楽によって見事に描き出した。サブ・プロットをなすジョーとベティとの共同作業をフィーチャーし、もう一つのさわやかな恋愛を対置した。

楽曲は黄金期の映画音楽のテイストを採り入れている。ノーマが1幕で歌うバラード「ウィズ・ワン・ルック」は、大女優の矜持を語る大ナンバー。2幕で撮影所を再訪したノーマがまばゆい往時に還る「アズ・イフ・ウィー・ネヴァー・セド・グッドバイ（別れなどないかのように）」が、逆説的に時の無常をにじませて圧巻だ。2幕オープニングでジョーが歌う主題歌「サンセット大通り」が、栄光と挫折が背中合わせにあるハリウッドの非情を語る。

ジョーとベティが取り組む脚本はボーイ・ミーツ・ガールもの。この二人が最初にデュエットするメロディアスなナンバーが「ガール・ミーツ・ボーイ」で、二人の関係と劇中の創作とを重ね合わせたメタ的な構造になっている。さらに終盤、二人が虚構に託さずに本音で恋心を語り合う「トゥー・マッチ・イン・ラヴ・トゥ・ケア」がロマンティックな好ナンバー。ノーマが殺人犯として悲願だったカメラの前に立つラストシーンで、「ウィズ・ワン・ルック」のインストゥルメンタルが高らかに反復されるのが戦慄的だ。977公演。

これらロンドン・ミュージカルのうち、『オペラ座の怪人』『キャッツ』『レ・ミゼラブル』はブロードウェイ歴代ロングラン記録の1～3位を一時期、独占した。この3作に加えて、やはりロングラン10傑入りを果たした『ミス・サイゴン』のいずれも、全編が歌で紡がれるミュージカルであることは、特筆に値する。また、この4作とも英国のプロデューサー、キャメロン・マッキントッシュの製作であることから、辣腕プロデューサーによるメガ・ミュージカルがブロードウェイを脅かした時代とも言われる。

12.

80年代の
ブロードウェイ

フォーティ・セカンド・ストリート
ドリームガールズ
ナイン
ラ・カージュ・オ・フォール
サンデイ・イン・ザ・パーク・
　ウィズ・ジョージ
イントゥ・ザ・ウッズ
グランド・ホテル

１９８０年代は、ロンドン・ミュージカルが圧倒的優位を築いた時代ではあったが、その間、ニューヨークの演劇人が手をこまねいていたわけではもちろんない。ブロードウェイからも、いくつもの優れたミュージカルが生み出されている。

ミュージカル映画の舞台化

「英語の中で最も美しい二語は〝ミュージカル・コメディ〟だ」——気の利いたこの台詞は、『フォーティ・セカンド・ストリート 42nd Street』（１９８０年）に出てくる。ブラッドフォード・ロペスの小説を原作とする、同名のミュージカル映画（１９３３年）を舞台化したバックステージもの。ハリー・ウォレン作曲、アル・デュービン作詞、マイケル・スチュワート＆マーク・ブランブル台本、ガワー・チャンピオン演出・振付。

１９３３年、大恐慌下のニューヨーク。新作ミュージカルのオーディションに地方から駆けつけたペギーは、辛くもコーラス・ガールとして採用される。だがトライアウト中、わがままな主演女優ドロシーにアクシデントからよろけてぶつかってしまい、足を骨折させる。公演中止の危機を回避するために、周囲に押されて演出家はペギーを主役に抜擢。初演は大成功を収め、一夜にしてスターが誕生する。その傍らで、ペギーやドロシーをめぐる恋愛模様も織り込まれる。

盛大なタップの群舞「オーディション」で幕が開き、豪華絢爛なレヴューの魅力に溢れた演出とゴージャスな振付が評判を呼んだ。特大コインの上でまばゆい衣装をまとった男女がタップを踏む「私たちはお金持ち」の場など、見どころには事欠かない。

楽曲は原作映画からのほか、ウォレンが曲を書き下ろした別の作品からも採られている。最も有名なナンバー「ブロードウェイの子守唄」は、解雇されて故郷に向かうペギーを演出家が説得する場面で歌われる。2幕終盤、本番を迎えたペギーがアンサンブルを率いて披露する主題歌「フォーティ・セカンド・ストリート」もスタンダード・ナンバーとなった。ほかにも、オーディションで主演男優ビリーとペギーが歌う「若くて元気」、ドロシーのラヴ・ソング「あなたがクセになりそう」、地方試演に向かうカンパニーの合唱「この街を出て行く」、ゲネプロでビリーと男性ダンサーが歌う「女たち」、本番を控え緊張するペギーをドロシーが励ます「9時までおと15分」など、ノスタルジックで耳に快い佳曲が多い。

3486公演の大ロングランを記録した。トニー賞は作品・振付の2部門を受賞。なお、舞台初日に演出のチャンピオンが亡くなり、終演後のカーテンコールで訃報が発表されたことも劇的だった（ちなみに原作の映画邦題は『四十二番街』となっているが、マンハッタンを南北に縫う「アヴェニュー」が「番街」、東西に走る「ストリート」は「丁目」とするのが定訳なので、正しくは『四十二丁目』だろう）。

『コーラス・ライン』で大成功を収めたマイケル・ベネットは、再びショー・ビジネスの仮借ない現実に取り組んだ。『ドリームガールズ Dreamgirls』（1981年）は、一世を風靡した黒人女性ヴォーカル・トリオ「ザ・シュープリームス」で実際にあった、リード・ヴォーカルの交代劇に材を取っている。ヘンリー・クリーガー作曲、トム・アイエン作詞・台本、ベネット演出・振付。

1962年、ニューヨーク。シカゴから出てきた黒人女性ヴォーカル・トリオ「ザ・ドリーメッツ」は、辣腕マネージャーのカーティスを得て、バック・コーラスから徐々に頭角を現し、「ザ・ドリームズ」としてついに単独デビューを果たす。ただし、ラジオからテレビの時代へと移りゆく中、機を見るに敏なカーティスは、歌唱力抜群のエフィーから容姿端麗なディーナへとリード・ヴォーカルを替える。トリオはデビュー曲「ドリームガールズ」が大ヒットし、かつてエフィーと付き合っていたカーティスはディーナに心が移ってゆく。袖にされたエフィーは精神のバランスを崩し、その挙げ句にメンバーから外される。

1972年、「ザ・ドリームズ」は世界的なスターにのし上がった。ディーナはカーティスと結婚したが、いまや関係は冷えきっている。一方、エフィーは故郷シカゴで落ちぶれた日々に甘んじていたが、ソングライターの弟、C. C. の書いた「ワン・ナイト・オンリー」で起死回生のカムバックに挑む。だが、カーティスは「ザ・ドリームズ」に同じ曲の別編曲ヴァージョンを録音させ、エフィーを闇に葬ろうとする。エフィーは弁護士を雇い、長年に及ぶカーティスの汚いやり方を告発し、一矢を報いる。やがて、ニューヨークで開かれた「ザ・ドリームズ」の解散コンサートにはエフィーも加わり、四人で夢見ることの素晴らしさを歌い上げる……。

音楽業界の冷酷な競争を背景に、夢と挫折、愛と裏切り、忍従と再生をドラマティックに描き出した。楽曲はブラック・ミュージックのサウンドだが、作曲のクリーガーは白人。2幕でカムバックに賭けるエフィーが歌う「ワン・ナイト・オンリー」がキャッチーなナンバーでヒット曲となった。1幕でトリオが念願のデビューを果たす表題曲「ドリームガールズ」も勢いある佳曲だ。しかし何と言っても、1幕ラストで馘首を言い渡されたエフィーの絶唱「私は決して退場しない」が圧巻の迫力。失意のエフィーが再起を誓う「私は変わる」も切ない。R&Bを中心とする、ソウルフルな熱唱が聴きどころで、音楽へのオマージュも込められている。

1521公演。トニー賞は台本・振付など6部門で受賞した。2006年になって映画化され、再び脚光を浴びた。

作詞・作曲を手掛けるモーリー・イェストンのブロードウェイ・デビュー作『ナイン Nine』(1982年)は、トミー・チューン演出・振付による優れた視覚効果も相まって高い評価を得た。フェデリコ・フェリーニ監督による自伝的映画『8½』(1963年)に基づく。アーサー・コピット&マリオ・フラッティー台本。

1960年代。著名な映画監督グイドは仕事にも私生活にも行き詰まり、妻のルイーザと共にヴェニス郊外のスパ・リゾートに保養に来ている。そこへ、愛人カルラ、主演女優クラウディア、挑発的な女性評論家、女性プロデューサーらが立ち現れ、彼との込み入った関係が描かれる。さらに亡き母親や9歳の自分(表題はここに由来する)までフラッシュバック的に登場し、内面世界へ沈潜してゆく。混沌とした状況の中で、彼は〈カサノヴァ〉を主題とする女性総出演の映画製作に取り掛かる……。

登場人物は主役以外の21人が全員女優という構成。研ぎ澄まされた美意識に貫かれた舞台で、とりわけプロデューサーが導く絵画的な場面「フォリー・ベルジェール」が評判を呼んだ。セクシーな女性の衣装（ウィリアム・アイヴィー・ロング）も好評だった。

楽曲は、印象的な佳曲の宝庫だ。妻の歌「私の夫は映画監督」、母親の歌「ナイン」、現在と少年期のグイドが歌う「サン・セバスチャンの鐘」、回想シーンでの「イタリア男になれ」、主演女優の「アンユージュアル・ウェイ」、愛人の「シンプル」、妻の「一人で」がメロディアスな好ナンバー。

729公演。トニー賞は作品など5部門で受賞。2009年に映画化された。

ゲイをテーマにした『ラ・カージュ・オ・フォール』

『ハロー、ドーリー！』のジェリー・ハーマン（作曲・作詞）は、久々の大ヒットを放った。『ラ・カージュ・オ・フォール La Cage aux Folles』（1983年）は、正面からゲイ・カップルを描いてヒットした初のブロードウェイ・ミュージカルとなった。フランスの作家ジャン・ポワレの同名戯曲が原作。ハーヴェイ・ファイアスティン台本、アーサー・ローレンツ演出。

南仏のサントロペ。ゲイ・ナイトクラブの経営者ジョルジュと、看板スターの女装芸人アルバンは20年間、連れ合いとして生活を営んでいる。彼らは、ジョルジュが若かりし頃、ただ一度の過ちで生まれた息子ジャン・ミシェルを、両親同然に育ててきた。ある日、ジャン・ミシェルは突然、結婚すると宣言し、まもなく恋人アンヌとその両親、ダンドン議員夫妻が挨拶に来るという。保守派の堅物として知られるダンドン議員の手前、ジョルジュは実の母親を呼び寄せる一方、アルバンには叔父に扮してもらい、まともな家族に見せようとする。頼み込まれたアルバンは抵抗を覚えながらもやむなく了承、やおら男らしい立ち居振る舞いの練習を始める。ところが、実の母親が来られなくなり、急場しのぎにアルバンは母親に扮することになる。馴染みのジャクリーヌの店での会食はうまく行ったかにみえたが、アルバンは女装のかつらを脱いでしまい、騒動が持ち上がる……。

手練のクリエイティヴ・チームによって、同性愛という繊細でシリアスなテーマを陽気なエンターテインメントに仕上げた点が秀逸。マイノリティの切実さと矜持を高らかに歌い上げ、他者を認めようという価値観が広がる中で普遍性を勝ち得た。

ハーマンは、トニー賞楽曲賞を受けた授賞式のスピーチで、「シンプルで口ずさみやすい曲は時代遅れと言われているが、そんなことはなかった」と語り、ソンドハイムら芸術性を志向する音楽が評価を高める中で、ミュージカルの王道をゆくキャッチーなナンバーの復権をアピールした。1幕ラストで、アルバンが自らの尊厳をかけて歌い上げる「ありのままの私」が圧倒的な訴求力を放つ。恋するジャン・ミシェルが歌う「アンヌと腕を」、ジョルジュがアルバンに愛を捧げる「砂に刻む歌」、主題歌「ラ・カージュ・オ・フォール」、ジョルジュが優しく囁く「見てごらん」、終盤でアルバンらが〈今この時を懸命に生きて愛そう〉と訴える「今がその時」など、親しみやすい楽曲が多い。

1761公演のロングラン。トニー賞は作品など6部門を獲得した。2度再演され、2度ともトニー賞リヴァイヴァル賞に輝いた。台本のファイアスティンはその前年、同性愛者を描いたストレート・プレイ『トーチソング・トリロジー』でやはり、トニー賞台本賞を受けている。

ソンドハイムの前衛性

スティーヴン・ソンドハイム（作曲・作詞）は『サンデイ・イン・ザ・パーク・ウィズ・ジョージ Sunday in the Park with George』（1984年）で、美術を題材に前衛的な舞台に挑んだ。表題の「ジョージ」とは、フランスの新印象派画家ジョルジュ・スーラのこと。ジェイムズ・ラパイン台本・演出。

1幕は1884年、セーヌ川の中洲グラン・ジャット島が舞台。スーラは、恋人ドット（このネーミングはスーラの技法「点描」に由来）をモデルにスケッチを描き始め、休日の公園で過ごす人々を次々とキャンバスに収めてゆく。スーラは仕事に没頭するあまり、ドットとの関係がなおざりになっている。ドットは彼の子を身ごもったが、スーラは父親であると認めず、見切った彼女はパン屋のルイと結婚する。やがて、大作「グラン・ジャット島の日曜の午後」（1886年）が完成する。

2幕は現代（1984年）のニューヨーク。スーラの曾孫にあたる彫刻家ジョージは、マルチメディアを活用したコンセプチュアル・アートに取り組んでいる。美術館のギャラリーで催されたパーティーで、ジョージは多くの関係者を相手に社交性を発揮。だが、商業主義と芸術性のはざまで迷いを禁じえず、ゆかりのグラン・ジャッド島を訪れる。そこに曾祖母ドットの亡霊が現れて「ムーヴ・オン」を歌って励まし、彼は自己回復に向かう……。

創作の苦悩、世知辛い現実を前にした芸術家の葛藤を「ファイン・アート」のような音楽でつづる。1幕と2幕のジョージは同じ役者が演じ、1幕のドットと2幕のマリー（ドットの娘＝ジョージの祖母）も同じ女優が演じ、百年の時を隔てて状況や心理をシンクロさせている。1幕の写生で、絵の登場人物たちがそれぞれ歌い、徐々にその集積によって絵が完成する趣向が面白い。1幕ラスト、大作が完成するさまを活人画で見せる「サンデイ」のシーンが美術・楽曲とも圧巻。2幕でマリーが歌う「子供たちとアート」がしみじみとした情感を帯びる。ダンスが皆無である点でも挑戦的なミュージカルだった。

604公演。トニー賞は舞台装置など2部門のみだったが、ピューリツァー賞を受けた。

次いでソンドハイムは、『イントゥ・ザ・ウッズ Into the Woods』（1987年）でおとぎ話を素材にした。前作と同じくジェイムズ・ラパイン台本・演出。

1幕。パン屋夫婦は長年、子供を授からなかった。そこへ魔女が訪れ、子供ができない呪いを解くには、ミルクのように白い牛、真っ赤なマント、トウモロコシのように黄色い髪の毛、金色の靴が要ると言う。夫婦はそれらを捜しに森の中へと分け入る。そこで、おとぎ話の主人公――赤ずきん、シンデレラ、「ジャックと豆の木」のジャック、ラプンツェルらと次々に出会う。夫婦は必死の交渉の果てに、ジャックから白い牛を、赤ずきんからは真っ赤なマントを、ラプンツェルからは黄色い髪の毛を、シンデレラからは金色の靴を手に入れる。その過程で、おとぎ話のストーリーもひとまず完結をみる。呪いは解け、夫婦は首尾よく子供を授かる。

2幕。めでたしめでたしと思っていたのも束の間、登場人物おのおのに災厄が降りかかる。ジャックに倒された巨人の妻が、夫の復讐のために姿を現して大暴れ。パン屋の妻や赤ずきんの祖母らが命を落とす。パン屋やジャックらが結束して巨人の妻を倒すものの、みな独り身となって取り残される。パン屋は幼子におとぎ話を聞かせるが、魔女は〈おとぎ話こそ呪文だ〉と警句を発する……。

おとぎ話を破滅的に反転させたブラック・ファンタジーだ。ハッピーエンド後の苦い展開は、ソンドハイム作品で特徴的にみられる、結婚後の多難な人生を見つめる作風と通底する。

プロローグの印象的な多重唱「イントゥ・ザ・ウッズ」のモチーフが1幕ラスト、2幕冒頭、2幕フィナーレの要所で反復される。シンデレラの王子とラプンツェルの王子がデュエットする「苦悩」は後半、意味を違えてリプリーズされる。ジャックの「空の巨人」、パン屋とその妻のデュエット「二人でなくては」、魔女の「ステイ・ウィズ・ミー」、シンデレラらによる「誰も独りじゃない」がメロディアスだ。

765公演。トニー賞では、楽曲(『オペラ座の怪人』を破った)など3部門を受けた。2014年に映画化。

蘇った名画『グランド・ホテル』

トミー・チューンは『グランド・ホテル Grand Hotel』（1989年）でさらにスタイリッシュな演出・振付に磨きをかけた。ヴィッキー・バウムの同名小説と、よく知られたその映画（1932年）に基づいている。ロバート・ライト&ジョージ・フォレスト作曲・作詞、モーリー・イェストン作曲補・作詞補、ルーサー・デイヴィス台本。

1928年、ベルリンのグランド・ホテルに蝟集《いしゅう》する人間模様をポリフォニックに描く。余命を宣告されたユダヤ人の元帳簿係、失意に陥った世界的バレリーナとその献身的な秘書、女優志望のタイピスト、破産寸前の実業家、泥棒稼業に身をやつした男爵――。二枚目の男爵はバレリーナの宝石を盗もうとして見つかり、急場しのぎに恋の告白をして、二人は恋に落ちる。次に男爵は実業家の部屋に忍び込むが、見つかって射殺される。実業家から愛人になるよう迫られていたタイピストがそれを目撃し、彼は逮捕される……。

瀟洒なグランド・ホテルの華やぎと格調高さをよそに、宿泊客の人生の陰影がこもごもに浮かび上がる。とりわけ、これまで働いて貯めた金をはたいて、人生最初で最後の豪遊をしようと繰り出す元帳簿係が哀愁を漂わせる。美的に洗練されたステージングで、エピソードが流れるように進む華麗な一幕ものだ。

1958年に製作されたものの、ブロードウェイまで進出できなかった古いミュージカル（ライト&フォレスト詞曲）が原型で、これをチューンが大幅に改訂し、イェストンが楽曲の追加・

歌詞改訂を施して現代ミュージカルとして蘇らせた。後半、投資で大儲けした元帳簿係らが歌い踊る「一緒に杯を上げよう」は古いヴァージョンからあった曲だが、熱狂的な一場を形成して代表曲になった。イェストンが書いたオープニング曲「グランド・パレード」、元帳簿係と男爵が歌う「グランド・ホテルにて」が場の臨場感をたたえる。男爵がバレリーナに向けて歌い上げる朗々たるバラード「恋など起きない」が聴かせる。

1017公演。トニー賞は、演出、振付など5部門で受賞した。

◇1980年代のミュージカルで他に主要な作品

・『リトル・ショップ・オブ・ホラーズ Little Shop of Horrors』(1982年)

オフ・ブロードウェイでの上演だが2209回のロングランを記録した。作曲家アラン・メンケンの出世作。ハワード・アシュマン作詞・台本・演出。さびれた花屋で働く気の弱い青年シーモアに育てられた植物が、人間の血を吸って怪物化する。悪趣味なユーモアが高く評価された。主な楽曲に、表題曲、「スキッド・ロウ」「突然シーモアが」など。オフなのでトニー賞の対象外、IBDBにも記載なし。2003年にオン・ブロードウェイで再演された。

・『ビッグ・リヴァー Big River』(1985年)

米国の国民的作家マーク・トウェインの長編小説『ハックルベリー・フィンの冒険』のミュージカル化。カントリー&ウエスタンのソングライター、ロジャー・ミラー作曲・作詞、デス・マカナフ演出。大酒飲みの父親から逃げ出したハックは、黒人奴隷ジムと共に奴隷制のない自由州を目指し、筏に乗ってミシシッピ河を下る旅に出る。印象的な楽曲に「雨の河」「ワールド・アパート」「どうかこの私の許へ」「去りゆくばかりが出発じゃない」など。1005公演。トニー賞は作品など7部門をさらった。

13.

ブロードウェイの復活

クレイジー・フォー・ユー
蜘蛛女のキス
美女と野獣
ライオン・キング
アイーダ
レント
ジキルとハイド
スカーレット・ピンパーネル
ラグタイム

80年代はロンドン・ミュージカルに押されっぱなしだったブロードウェイに復活と華やぎをもたらしたのは、まずガーシュイン兄弟の遺産を活用した正統派の陽気なミュージカル・コメディだった。

王道をゆく物語と音楽

『クレイジー・フォー・ユー Crazy For You』（1992年）は、ジョージ・ガーシュイン作曲、アイラ・ガーシュイン作詞の名曲をちりばめた「ボーイ・ミーツ・ガール」もの。『ガール・クレイジー』（1930年）のストーリーと楽曲を基に、他の舞台・映画で使用されたナンバーや未発表曲を加えて再構成した。ケン・ルドウィッグ台本、マイク・オクレント演出、スーザン・ストローマン振付。

1930年代のニューヨーク。銀行家である母親の心配をよそに、跡取り息子のボビーはダンスに血道を上げている。業を煮やした母は、ネヴァダ州の寂れた田舎町デッドロックへ債務物件の差押えにボビーを向かわせる。いやいや出かけたボビーだったが、町でただ一人の若い女性ポリーに会った途端、一目惚れする。ところが彼女は、ボビーが差押さえに来た劇場のオーナーの一人娘だった。彼女に気に入られたい一心から、ボビーは〈ショーを上演して儲け、抵当に入っている劇場を救い出そう〉と提案。しかしポリーは彼が当の債権者と知って激怒し、提案も彼も拒絶する。

そこでボビーは一計を案じ、ニューヨークの大興行主ザングラーに変装して現れ、ショーの上演を持ちかける。ポリーの父親はそれを快諾。町の男たちを即席のダンサーに仕立て、ザングラー＝ボビーがニューヨークから呼び寄せた仲良しのダンサーらとリハーサルを始める。町はにわかに活気を帯びるが、あろうことかポリーは偽ザングラーに惹かれ始める。さてショーの初日、ネヴァダの田舎まで観劇に来る客は皆無で、一同は意気消沈。ところがその夜、ダンサーの一人にご執心のザングラー本人が町にやって来る。それに気付かないボビーはザングラーの姿のまま、酒場で本人と鉢合わせする……。

ガーシュインの名曲「アイ・ガット・リズム」「サムワン・トゥ・ウオッチ・オーヴァー・ミー」「抱きしめたいあなた」「誰にも奪えぬこの思い」「バット・ノット・フォー・ミー」などが放つまばゆい魅力に加え、ストローマンの遊び心と才気に富んだ躍動的なダンスが舞台を弾ませる。女性ダンサーの身体にロープをピンと張って、ウッド・ベースに見立て、粋なダンスを見せる「スラップ・ザット・ベース」。町の往来で男たちがシャベル、ビン、トタン屋根などを叩きながら、そのリズムに乗せて盛大な群舞を繰り広げる「アイ・ガット・リズム」の場などは、無類の楽しさにあふれる。ストローマンは小道具の活用が巧みで、日常的なモノを使っての非日常的な空間づくりは、田舎町の再興とシンクロする。演出では、泥酔した二人のザングラーが、鏡に映したようにシンメトリーの動作を続けるとぼけた場面がおかしい。こうした喜悦感あふれるシーンが連続するおかげで、お定まりのハッピーエンドにも頬がゆるむ。

寂れた劇場を再生させる話が、ブロードウェイの活性化にもつながったのだ。1622回のロングラン。トニー賞は作品・振付など3部門を受賞した。なお、ガーシュイン兄弟の楽曲を再構成したミュージカルに、『マイ・ワン・アンド・オンリー』（1983年、767公演）、『ナイス・ワーク・イフ・ユー・キャン・ゲット・イット』（2012年、478公演）がある。

『蜘蛛女のキス Kiss of the Spider Woman』（1993年）はアルゼンチンの作家、マヌエル・プイグのロングセラー小説（1976年）が原作。映画化され、戯曲（ストレート・プレイ）化され、さらにミュージカル化されていずれも高い評価を得た稀有な作品となった。ヴェテラン・コンビのジョン・カンダー作曲、フレッド・エブ作詞。テレンス・マクナリー台本、ハロルド・プリンス演出、ヴィンセント・パターソン振付。

南米の独裁国家にある刑務所。未成年への猥褻行為で収監されたゲイのモリーナの監房に、政治犯の逃亡幇助で逮捕されたヴァレンティンが投獄される。ヴァレンティンは恋人マルタと社会革命のことしか念頭にないが、モリーナは大好きな映画のこと、とりわけ、死を招く蜘蛛女を演じた女優オーロラのことを構わず話し続ける。そんなモリーナの前に、蜘蛛女の幻影が立ち現れる。やがて、食事に毒を盛られて苦しむヴァレンティンをモリーナが甲斐甲斐しく手当てしたことで、二人は打ち解けてゆく。だがモリーナは、ヴァレンティンからテロリストの情報を聞き出せば釈放、という裏取引を刑務所長としていた。

そうとは知らぬヴァレンティンはモリーナに映画の話をねだるようになり、共同生活を楽しむ。

ある日、モリーナが〈模範囚として出所できることになった〉と言うと、ヴァレンティンはそれを祝福しながら、仲間へのメッセージを彼に託する。ヴァレンティンを真摯に愛するモリーナは、その通りに革命家に連絡を入れて、銃殺される……。

恋と革命に一途なヴァレンティンに対して、モリーナの繊細な美意識と愛情が切ない。原作では登場しない蜘蛛女を幻想として登場させ、ダンス・シーンを設けたことで、シリアスな社会派ドラマにレヴュー的要素を溶け合わせた。女優オーロラは、自由を奪われた男たちの欲望のシンボルであり、同時に蜘蛛女となって男たちを死へといざなう。エロスとタナトスの両面性をまとう女性として、物語を陰で牽引する。

楽曲は、ラテン調のリズムを採り入れている。蜘蛛女が歌う主題歌「蜘蛛女のキス」がドラマティックな佳曲。モリーナの母、恋人マルタ、モリーナ、ヴァレンティンが思いをこもごも交錯させる「ディア・ワン」、モリーナが歌う「彼女は女」がメロディアスだ。アンサンブルによる「モルヒネ・タンゴ」も印象的なナンバー。

904公演。トニー賞は作品など7部門を獲得した。

ディズニー参入の衝撃

1994年、大資本のディズニーがミュージカルに参入したことは衝撃的事件だった。ディズニー・アニメはもともと歌が入ったミュージカル映画であり、それらポピュラーな知的財産を元手に舞台化を始めたのである。

ディズニー・シアトリカル・プロダクションズの第1弾『美女と野獣 Beauty and the Beast』（1994年）はハイテクを駆使した、鮮やかなスペクタクルが魅力の舞台だった。アラン・メンケン作曲、ティム・ライス＆ハワード・アシュマン作詞、リンダ・ウールヴァートン台本、ロバート・ジェス・ロス演出。アニメで用いられた楽曲に加え、メンケンとライスが新曲7曲を書き下ろした。

魔女によって醜い野獣の姿に変えられてしまった王子が、森の中の古城に蟄居《ちっきょ》していた。そこへ、本好きの美女ベルの父親である発明家モリースが迷い込み、野獣に監禁される。帰らぬ父の跡を追ってきたベルも城に辿り着き、父の身代わりを申し出る。代わって幽閉されたベルに野獣は惹かれながら、冷たく狷介な態度しか取れない。だが、脱走したベルが狼に襲われ、野獣が傷を負いながら助け出したことで二人の関係は変わってゆく。

一方、街に戻ったモリースは事情を皆に話す。ベルに横恋慕している実力者ガストンは「野獣を殺せ」と群衆を率いて城に向かう。父親を案じるベルを解放して気力を喪失した野獣はガストンに対して無抵抗。ガストンは野獣をナイフで刺すが、勢い余って塔から落ち絶命。瀕死の野獣にベルが愛を告げると、魔法が解けて……。

冒頭、王子が宙で高速回転すると野獣に変わるマジック・シーンから目を奪う。1幕終盤、食事を所望したベルを、スプーンや皿、燭台などの「もの」たち（城の召使の化身）がもてなす「ビー・アワ・ゲスト」の場面が豪奢な見せ場だ。大掛かりな舞台装置とメルヘン的な衣装が編み出す視覚効果が楽しく、ファミリー・ミュージカルの路線を確立した。

楽曲は親しみやすいナンバー揃い。2幕で、愛を通わせ始めた野獣とベルがおずおずとダンスする傍らで、ポット夫人が歌う主題歌「美女と野獣」がシンプルな美しさをたたえる。「ビー・アワ・ゲスト」も代表曲だが、この旋律は『ミー・アンド・マイ・ガール』の表題曲と酷似している。1幕冒頭、朝の風景の中にベルのキャラクターを導入する「ベル」が愛らしいナンバー。2幕冒頭の「何かが変わった」は「ベル」の変奏曲で、ベルと野獣の心情の変化を初々しく表現する。舞台化にあたって追加された楽曲では、幽閉されたベルが打ちひしがれる「ホーム」、ベルへの愛に懊悩する野獣のバラード「愛せぬならば」がメロディアスで、人物の心情を掘り下げている。

5461公演、13年を超える大ロングランとなったものの、トニー賞は衣装の1部門のみの受賞（同年の作品賞はスティーヴン・ソンドハイム作詞・作曲の『パッション Passion』＝280公演＝だった）。新参者に対しておよそ好意的とは言い難い評価が下された。

多文化的な傑作『ライオン・キング』

しかしながら、ディズニー・ミュージカル第2弾『ライオン・キング The Lion King』（1997年）に対しては、ブロードウェイの保守派も首肯せざるを得なかったようだ。その芸術性高い斬新な舞台に対して、さすがにトニー賞も作品賞を贈った。これは演出・衣装を手掛けたジュリー・テイモアの功績が大きい。エルトン・ジョン、リーボ・M、マーク・マンチナほか作曲。ティム・ライスほか作詞、ロジャー・アラーズ&アイリーン・メッキ台本、ガース・フェイガン振付。

アフリカのサヴァンナに築かれた動物王国プライドランド。偉大な王ムファサに息子シンバが生まれ、世継ぎの誕生に王国は沸き立つ。だが、ムファサのひねくれた弟スカーは王位簒奪の機会を窺っており、幼いシンバを唆して断崖に挟まれた峡谷へとおびき出す。そしてヌーの暴走を誘発して、助けに駆けつけたムファサを葬り、もくろみ通りに王座に就く。

一方、父の死の責任を痛感したシンバは流浪の身となるが、イボ猪とミーアキャットのコンビに励まされながら成長してゆく。ある日、幼馴染のガールフレンド、ナラと再会し、スカーの治める王国の荒廃を知らされる。シンバは葛藤の末、プライドランドに戻ってスカーと対決し、王位を奪還する……。

ストーリーは、シェイクスピアの『ハムレット』を踏まえている。主人公シンバのビルドゥングス・ロマンであり、貴種流離譚でもある。結末ではシンバとナラの子供が誕生し、世代の循環と生命の循環を重ねた幕切れが感動的だ。

しかし、この舞台の最大の魅力は、動物の造形や舞台美術、音楽の比類なき創造性にある。演出・衣装のテイモアはアジアのパフォーミング・アーツに造形が深く、日本の人形浄瑠璃文楽やインドネシアの仮面劇・影絵芝居などの技法を取り入れた。動物は多種多様な造形だが、基本的に着ぐるみにはせず、仮面を用いて俳優の顔が露出するスタイルにした。これによって、怒りや

『ライオン・キング』初演舞台（1997年）（AP／アフロ）

悲しみなどの表情を出せる。鳥は凧を応用し、ヌーの暴走はロールの回転で表現するなど、デザインの発想は多岐にわたっている。このの多彩なアイデアによって、ダイナミックなまでに表情と動きの豊かな動物たちを創出したのである。

一方、音楽は、原作のアニメ映画で使われたエルトン・ジョン作曲による歌のほかに、アフリカ系ミュージシャンであるリーボ・M、マーク・マンチナらが書いた曲が加えられている。エルトン・ジョンが作曲したナンバーでは「サークル・オブ・ライフ」が幕開けと幕切れに歌われる代表曲だが、ポップスの旋律に打楽器の複雑なリズムとズールー語の掛け合いが加わることで、まごうかたなきアフリカのサウンドになっている。また、2幕でシンバとナラの愛を彩る「愛を感じて」がメロディアスだ。

これに対して、リーボ・Mらによるナンバーは、サヴァンナに息づく生命の鼓動を刻んでいる。とりわけ、ヒロインのナラが牝ライオンたちを従えて歌う「シャドーランド」は叙情的なコーラスに、強い意志を秘めたナラの嘆きが重なる名曲だ。アンサンブルと共に粛然と踊るダンスにも悲しみが漲っている。このほか、1幕でムファサが歌い、2幕でシンバがリプリーズする「彼らの（お前の）中で生きている」、2幕の冒頭を彩る「ワン・バイ・ワン」、シンバが帰還に向けて葛藤する「終わりなき夜」がドラマに精神性と深みを与えている。

つまり、原作アニメに対して、美術的にはアジアの技法が、音楽的にはアフリカのテイストが加えられて完成を見たのだ。アメリカの中産階級を対象にした娯楽の殿堂であるディズニーが製作しながら、優れて多文化的なミュージカルとなったのである。

7600公演を超えてロングラン中。トニー賞は、作品・演出・振付・舞台美術・衣装・照明の6冠。

オペラ原作の『アイーダ』

ディズニーは続く『アイーダ Aida』（2000年）でも成功を収めた。古代エジプトの悲恋を描いた、ヴェルディの同名オペラに基づく。エルトン・ジョン作曲、ティム・ライス作詞、リンダ・ウールヴァートン、ロバート・フォールズ&デイヴィッド・ヘンリー・ワン台本、ロバート・フォールズ演出、ウェイン・シレント振付。

ファラオが治めるエジプトは強大な軍事力を盾に近隣諸国に侵攻、領土を広げていた。若き将軍ラダメスは隣国ヌビアを制圧し、捕虜を連行して凱旋する。その一人、強い精神力を持つ女性は、身分を隠したヌビア王女のアイーダだった。ラダメスは彼女を、許嫁である王女アムネリスに献上する。アムネリスは高潔なアイーダに信頼を寄せる。一方、ラダメスもアイーダに惹かれ始め、二人は愛を育む。そこに、ヌビア王捕縛の報せが届く。

牢獄に忍び込んだアイーダは父の王アモナスロに、アムネリスとラダメスの婚礼の祝いに乗じて脱出する計画を持ちかける。そして彼女はラダメスに、その実行のためにアムネリスと式を挙げてくれるよう懇願する。ラダメスはそれが互いのためと悟り、従容として受け入れる。婚礼の式のさなか、ヌビア王脱獄の報が入り、軍が厳戒態勢を敷く。ヌビア王は脱走しおおせたが、アイーダと裏切り者のラダメスは捕まり、生き埋めの刑に処される……。

この物語に、現代の博物館の場面がプロローグとエピローグとして置かれている。古代エジプトのブース、アイーダとラダメスが眠る埋葬室の前で、アイーダ役の女性とラダメス役の男性が目を合わせ、何事かを感じ取る。かつて悲恋のまま世を去った男女が、はるか時代を隔てて再会することを暗示する外枠で、絶望的な物語に一片の救いをもたらしている。

楽曲はメロディアスなナンバーが多い。プロローグの「すべての物語は愛の物語」は、なんと展示物の王女像アムネリスが歌い始めるのに意表を突かれる。この曲を介して、物語は古代へと遡行する。ラダメスとアイーダが愛を交わす「エラボレイト・ライヴス」が屹立する代表曲。アイーダの「ローブのダンス」「神が愛するヌビア」はパワフルな歌唱で圧倒する。アムネリスがプールサイドで豪奢を誇る「私の切り札（最たる願い）」は、場面を違えて、病床につく父王の延命を願うしおらしいナンバーとしてリプリーズされる。２幕冒頭のアムネリス、ラダメス、アイーダによるトリオ「ア・ステップ・トゥ・ファー」は三角関係をポリフォニックに表現。終盤、アイーダとラダメスがデュエットする「星のさだめ」も好ナンバーだ。

１８５２公演。トニー賞は楽曲など４部門で受賞した。

ディズニーはその後も、『ターザン』（２００６年、４８６公演）、『メアリー・ポピンズ』（ロンドン初演２００４年、ＢＷ２００６年＝２６１９公演）、『リトル・マーメイド』（２００８年、６８５公演）、『ニュージーズ』（２０１２年、１００４公演）、『アラジン』（２０１４年、ロングラン中）と快調に歩を進めてきた。

ロンドン初演の『メアリー・ポピンズ』は往年のミュージカル映画（邦題『メリー・ポピンズ』）に基づく懐かしい作品で、英国の辣腕プロデューサー、キャメロン・マッキントッシュと組み、大ヒットとなった。珍しく実写版映画に基づく『ニュージーズ』では、アラン・メンケンが初めてトニー賞楽曲賞を受けた。『アラジン』はショーアップが見事なステージングで、２０１６年春現在、８５０公演を超えてなお人気が高く、ディズニー久々の大ヒットとなりそうだ。

当初はブロードウェイに慎重に迎えられたディズニーだが、その参入は結果的に、ミュージカルの繁栄に大きく貢献している。

現代のボヘミアン『レント』

一方で、オフ・ブロードウェイから偉大な作品が生まれた。『レント Rent』（1996年）は、プッチーニのオペラ『ラ・ボエーム』を現代ニューヨークに翻案し、「今」に生きる若い無名アーティストたちの肖像を刻んだ。ジョナサン・ラーソン作曲・作詞・台本、マイケル・グライフ演出、マーリス・ヤービー振付。

1991年冬、イースト・ヴィレッジのロフト。シンガー・ソングライターのロジャーと映像作家を志すマークは、電気の止められた部屋で凍えたクリスマス・イヴを迎える。マークは、恋人だったモーリーンが女性弁護士ジョアンヌの許に走ってふられたばかり。彼らの親友、哲学者のトムは暴漢に襲われたところを助けてくれたストリート・ドラマーのエンジェルと同性愛の間柄になる。主要人物のうち、二組がゲイのカップルとの設定が現代的。家主のベニーはロフト付近のホームレスを追い出して芸術スタジオを建設する構想を掲げており、パフォーマンス・アーティストのモーリーンはこれに抗議する集会を開く。

階下に住むドラッグ常習者でダンサーのミミがロジャーを誘いに来る。しかし、前の恋人がHIV感染者と知って自殺し、自身も感染しているロジャーはその気になれない。それでも、仲間たちと繰り出したカフェでミミとロジャーは互いに病気を打ち明け、恋仲になる。季節はめぐり、ロジャーとミミの関係はこじれ、エンジェルはエイズで死ぬ。1年後のクリスマス・イヴ、行方不明だったミミが衰弱しきった状態でロフトに運ばれてくる……。

『ラ・ボエーム』に登場する19世紀のボヘミアンたちを、ことごとく現代の貧しいアーティストに置き換えている。主要人物のうち、ロジャー、ミミ、コリンズ、エンジェルの四人までもがＨＩＶに感染している。死への恐怖、極貧の生活、自身の才能への不安、商業主義と芸術性との葛藤、恋人に思いを伝えられないもどかしさなど、〝エイズ時代〟の表現者の苦悩を誠実につづった群像劇だ。今を生きる切実さを、ロックを基調とする多彩な楽曲に乗せて訴えかける。

2幕の冒頭、キャスト全員が横一列に並んで歌うゴスペル調の「シーズンズ・オブ・ラヴ」が強い印象をもたらす代表曲で、早くもスタンダード・ナンバーとなった。マークがカンパニーを従えて歌う軽快な表題曲「レント」は家賃の払えない生活ぶりを活写する。ロジャーとミミらによる「アナザー・デイ」が、かけがえのない今日の大切さを歌ったテーマ・ソングで、フィナーレでも反復される。エンジェルとトムのラヴ・デュエット「アイル・カヴァー・ユー」が耳に残る名曲。エンジェルの死後、トムらが哀悼にリプリーズするのが感銘深い。ほかにも「ワン・ソング・グローリー」「ウィザウト・ユー」「グッドバイ、ラヴ」など、メロディアスで切ないナンバーが多い。

作者のラーソンは、オフ・ブロードウェイ公演のプレヴュー初日未明、動脈瘤破裂のため35歳の若さで世を去った。５１２３公演のメガ・ヒットを記録。トニー賞は作品・楽曲など4部門を獲得。ピューリツァー賞も受賞した。２００５年に、多くの舞台版オリジナル・キャストを配して映画化された。

二面性を音楽で描く『ジキルとハイド』

ホイットニー・ヒューストン「ブロークン・ハーツ」などのヒット曲で知られるポピュラー作曲家、フランク・ワイルドホーンは『ジキルとハイド Jekyll & Hyde』（1997年）でミュージカルに参入した。R・L・スティーヴンソンの同名小説のミュージカル化。レスリー・ブリカッス作詞・台本、ロビン・フィリップス演出、ジョーイ・ピッツィ振付。

1888年、ロンドン。医師のヘンリー・ジキルは、精神を病んだ父親を救うため「人間の善と悪を分離する薬」の研究を続け、所属する病院の理事会にその人体実験の許可を願い出るものの、にべもなく却下される。あたかもジキルは貴族の娘エマと婚約しており、その婚約パーティーで上流階級の社交に辟易したジキルは、友人アターソンに誘われて娼窟を訪れ、蠱惑的な娼婦ルーシーと出会う。彼女の〈仕事の自分と、本当の自分を分けている〉との言にひらめいたジキルは、自宅に舞い戻って開発した薬を自らに投与する。すると、凶暴な人格のハイドに豹変する。ハイドは研究を邪魔した理事会の面々を次々と手にかける。ある日、負傷したルーシーがジキルの許を訪れる。怪我の手当てをしたジキルは、ルーシーに加害行為をしたのがハイドだと知って愕然とする。ジキルはもはやハイドを制御できなくなっており、ルーシーの身を案じてロンドンからすぐに立ち去るように手紙を送る。だが、ルーシーが手紙を読んで身支度をしている最中にハイドが闖入し、彼女の命を奪う。そうして、ジキルとエマの結婚式が執り行われるが……。

原作小説にない娼婦ルーシーというキャラクターを創出し、彼女にハイドが害を加える一方でジキルが救済しようとする構造に、究極の背反性を描き出した。一人の俳優がジキルとハイドを演じ分けるが、ジキルの歌は音程をギリギリ高い音（#気味）で、ハイドの歌は外れそうなほどの低い音（♭気味）で歌っている。声色だけでなく、音の高低を利用して人格の違いを際立たせた点が、ミュージカルならではの卓抜な趣向だ。

ドラマティックに歌い上げる楽曲が満載。ジキルが身を挺した人体実験に臨み勇んで歌う「時が来た」が、高揚感をたたえた代表曲。街の人々が人間の裏面を暴き立てる「ファサード（建前）」がキャッチーなテーマ曲で、何度もリプリーズされるにつれ、状況の深刻さと呼応するように徐々に退廃的な色調になってゆく。「サムワン・ライク・ユー」「新たな生活」など、ルーシーの歌にひたむきで哀切な好ナンバーが多い。幕開けでジキルが独白する「闇の中で」、ルーシーとエマのデュエット「彼の目に」、ルーシーとハイドのデュエット「危険な遊戯」、ハイドが（公演によってルーシーも）歌う「シンパシー、テンダーネス」もメロディアスな佳曲だ。

1543公演。トニー賞は無冠だった。

ワイルドホーンは続く『スカーレット・ピンパーネル The Scarlet Pimpernel』（1997年）でも772公演と、順調なヒットを放った。フランス革命の一面を描いたバロネス・オルツィの同名小説が原作。ナン・ナイトン作詞・台本、ピーター・ハント演出。

1794年、ジャコバン党が貴族たちを反革命の罪状で次々とギロチンにかけていた革命のさなか、無実の貴族を密かに救出する謎の組織「スカーレット・ピンパーネル（紅はこべ）」が暗躍していた。組織のリーダー・パーシー、その正体を知らない新妻マルグリット、組織の解明に迫る革命政府全権大使ショーブランらが織り成すサスペンスに満ちた展開をつづる。

前半の「マダム・ギロチン」「炎の中へ」が、ドラマに引き込む勇壮な佳曲。「ビリーヴ」「謎」「ストーリー・ブック」「あなたこそ我が家」などメロディアスなナンバーが多い。マルグリットが歌う美しいバラード「オンリー・ラヴ」は公演途中でカットされ、後にワイルドホーン作曲の『ルドルフ　ザ・ラスト・キス』（ハンガリー初演、２００６年）に回された。トニー賞は無冠。

さらにワイルドホーンは、アメリカの南北戦争を描いた、その名も『南北戦争 The Civil War』（１９９９年）の作曲を手掛けた。これは61公演の惨敗に終わったが、『南北戦争』がオープンした時点で、ワイルドホーンが手掛けた3作品が同時にブロードウェイで上演中となった。「3作品同時上演」は、アメリカの作曲家ではスティーヴン・シュワルツ以来23年ぶりの快挙だった（英国人ではアンドリュー・ロイド＝ウェバーがいる）。

『ライオン・キング』とぶつかったため、トニー賞作品賞は逃したものの、『ラグタイム Ragtime』（１９９８年）は、E・L・ドクトローの同名小説を基に、20世紀初頭のアメリカ社会をパノラマ的に活写した秀作だ。スティーヴン・フラハーティ作曲、リン・アーレンズ作詞、テレンス・マクナリー台本、フランク・ギャラティ演出。

愛国者の父親が築いた裕福な白人の家庭、寄る辺ない移民の父娘、差別された黒人ピアニスト・コールハウスとその恋人サラ。人種の異なる三つのグループが次世代で一つの家族となるまでを、当時の音楽や世相に乗せて描き出す。このうち、不正に対して断固として闘うコールハウスのエピソードは、ドイツの劇作家ハインリヒ・フォン・クライストの中編小説『ミヒャエル・コールハース』を踏まえていると思われる。

時代を彷彿させるイメージ喚起力の強い楽曲が多い。冒頭で披露される表題曲「ラグタイム」と、コールハウスとサラが力強くデュエットする「夢の輪」が代表曲。サラが歌うバラード「あの人の息子」が美しくも哀切な佳曲だ。白人の妻と移民の男がデュエットする「私たちの子供たち」が出色のナンバーで、この歌を介して二人は結びつく。幕切れ、代表曲2曲がリプリーズされて感銘を呼ぶ。音楽がドラマ性に著しく寄与しているミュージカルだ。

834公演。トニー賞は楽曲など4部門を受賞した。


このほか、ジョン・カンダー作曲、フレッド・エブ作詞の『シカゴ』と『キャバレー』のリヴァイヴァル公演が、初演を大幅に上回る大成功を収めたことも、ブロードウェイの活況に多大な貢献をした。『シカゴ』（1996年再演）は2016年春現在、8000公演を超えるメガ・ヒットとなっている。トニー賞は、リヴァイヴァル作品など6部門をさらった。サム・メンデス演出の『キャバレー』（1998年再演）は2377公演を記録し、トニー賞はリヴァイヴァル作品など4部門を受けた。

14.

コメディの復権
——21世紀の隆盛①

プロデューサーズ
ヘアスプレー
ウィキッド
モンティ・パイソンのスパマロット
ドラウジー・シャペロン
ブック・オブ・モルモン
紳士のための愛と殺人の手引き

21世紀に入ってなお、ブロードウェイの盛況は続く。その先陣を切った傑作が『プロデューサーズ The Producers』(2001年)だ。メル・ブルックス監督による同名のコメディ映画(1968年)を、ブルックス自身が台本のみならず作曲・作詞まで手掛けてミュージカル化したもの。トーマス・ミーハン共同台本、スーザン・ストローマン演出・振付。

大爆笑を誘う『プロデューサーズ』

1959年のブロードウェイ。かつては敏腕で鳴らしたが、今は落ちぶれたプロデューサーのマックスは、満を持して『ハムレット』をミュージカル化した新作『ファニー・ボーイ』を世に問うものの、酷評を受けて即刻打ち切りとなる。ところが、担当会計士レオが帳簿確認に訪れたところ、早々とクローズしたおかげで出資者への配当はゼロで済み、わずかながら黒字になったことがわかる。そこでマックスは奇策を思いつく。投資家から過剰な資金を集めて箸にも棒にもかからぬ駄作を製作し、すぐに打ち切れば大儲けできる、というものだ。気弱で善良なレオも、ショービジネスへの憧れに抗えず、コンビを組む。

マックスは、まごうかたなき駄作を作るため、史上最悪の脚本と演出家を捜し始める。そこで発掘したのは、いまだにナチに心酔している脚本家フランツが書いた『ヒトラーの春』と、エキセントリックなゲイの演出家だった。主役のオーディションでは、フランツ自身がその座を射止

『プロデューサーズ』初演舞台（2001年）。ネイサン・レイン（左）とマシュー・ブロデリック（中央）（ロイター／アフロ）

める。もはや、大失敗は間違いないとマックスとレオは確信する。さらに、初日の開演前にアクシデントがあり、フランツが足を骨折したため、急遽、演出家が主役を演じることになる。ゲイのヒトラーの誕生である。ところが、幕を開けて見ると、あまりの荒唐無稽ぶりが観客に大受けし、新聞の劇評も絶賛の嵐だった。目論見が外れた上、「総統」が笑いものにされたと逆上したフランツがマックスの事務所で発砲。駆けつけた警官らに二重帳簿も見つかってしまい、マックスは収監される……。

破天荒なストーリーに加え、ナンセンスなギャグや、ミュージカル・シーンのパロディを存分に織り込んで、観客を欣喜雀躍させた。一方で、「凋落した者」マックスの起死回生と「日常に縛られた男」レオの自己解放の組み合わせが、夢を追う物語に昇華されている点で、コメディの王道を往く作りになっている。また、スポンサーの顔色を窺うショービジネスの世知辛さや、気分的な観客に左右される非情なロングラン・システム、的外れな劇評など、興行の習慣への風刺も効いている。だが、その根底にはショービジネスへの愛情があふれている。

さらに、ストローマンの創意工夫に富んだ演出・振付が無類の愉快さを醸し出した。1幕ラスト、マックスが資金集めに老人ホームを訪れるダンス・シーンは、それに進んで協力するヨイヨイの婆さんたちがなんと、老人用歩行器を使ってトンボ返りやバック転などの身軽なアクションを見せ、最大の見せ場となった。2幕半ばでの劇中劇「ヒトラーの春」では、ドイツの名物やナチスの意匠をフィーチャーしたショーを展開し、喜悦感をもたらした。その主題歌「ヒトラーの春」は、あまりに朗々とした歌いっぷりがズレの笑いを生み、そこにゲイのヒトラーがはにかみながら登場すると、哄笑は最高潮に達した。

ブルックスはミュージカル作曲家ではないが（自身の映画の挿入歌は手掛けている）、『ハロー、ドーリー！』のジェリー・ハーマンに作曲の打診に行ったところ、ブルックス本人が適任だと助言を受けて、自ら曲を作ることにしたという。音楽はシンプルゆえに親しみやすく、「ヒトラーの春」（原作映画にもある歌）は異化の笑いを生む曲想としては秀逸。1幕でレオが夢見る「プロデューサーになりたい」と、同ラストの合唱「ビアリー（マックス）のおかげ」に楽天的な幸福感が漂う。2幕でレオが歌う「あの顔」と「彼に出会うまで」も佳曲だが、トニー賞の楽曲賞まで受けたのは快挙だった。

公演は2502回のロングランとなった。トニー賞は作品を始め12部門を独占し、『ハロー、ドーリー!』を破って史上最多部門受賞を記録した。この記録は2016年春現在、破られていない。2005年にストローマン自身の監督によりミュージカル映画に還元された。

歌とダンスで差別を突破する『ヘアスプレー』

続いて、やはり映画を原作とするミュージカル・コメディの快作が生まれた。『ヘアスプレー Hairspray』(2002年)は、ジョン・ウォーターズ監督の同名映画(1988年)に基づき、ダンス好きの太っちょな女の子の活躍を描く。マーク・シャイマン作曲、スコット・ウィットマン&マーク・シャイマン作詞、マーク・オドネル&トーマス・ミーハン台本、ジャック・オブライエン演出、ジェリー・ミッチェル振付。

1962年、なお黒人差別が根強い地方都市ボルチモア。天真爛漫な白人の女子高校生トレーシーは大のダンス好きで、その肥満体をものともせず、テレビのダンス番組に出演することを切に夢見ている。トレーシーは親友のペニーと共に番組のオーディションを受けるが、ダンスは達者だったものの、その容姿を理由に不合格にされる。ただしこの際に、番組のレギュラー出演者で同じ高校に通うリンクと知り合いになる。彼の手引きで、番組の司会者コーニー・コリンズ主催のダンス・パーティーに出場し、コーニーの目に留まって番組への出場を果たす。さらに、大きく膨らませた頭髪をヘアスプレーで固めているトレーシーは、ヘアスプレー会社の宣伝ガールに抜擢され、人気者になる。

一方、高校でトレーシーは黒人男性シーウィードと親しくなってR＆Bのステップを習い、ペニーやリンクと連れ立って彼の母親が経営するレコード店に行く。その母親とは、ダンス番組で月に一度だけのニグロ・デイ（この日だけ黒人音楽が解禁）でホストを務める黒人歌手だった。彼女の魂を揺さぶる歌に発奮したトレーシーらは、番組の黒人差別撤廃を訴えようとテレビ局に押しかけるが暴動と化してしまい、一同はこぞってパトカーで連行される。みなは釈放されたが、首謀者のトレーシーだけは独房に移される。そこへリンクが忍び入り、恋人になって欲しいと囁きながらトレーシーを脱獄させる。一方、両親から黒人音楽を禁じられていたペニーは、黒人のシーウィードと恋仲になっていた。トレーシーとリンク、ペニーとシーウィードのカップルは差別撤廃計画を練る。やがてトレーシーは果敢にテレビ番組に乱入、視聴者の支持を得て「ミス・ヘアスプレー」に選出され、あっぱれ差別撤廃をも勝ち取る……。

このミュージカルは、ダンス好きな少女のささやかな夢の実現を描きながら、同時に容姿差別と黒人差別を打破するさまをしたたかに活写している。それも、容姿差別は主人公の豊満なボディによるダンスで突破し、黒人差別は黒人音楽を通じて覆してゆく点が痛快であり、秀逸だ（黒人音楽そのものを使って黒人差別を打破する物語としては、2010年トニー賞作品賞を受けた『メンフィス』も同様）。黒人の恋人を得ることで、地味な少女からレディへと変身を遂げる、脇役ペニーの存在も効いている。

楽曲は、トレーシーの目覚めと共に朝の活気をつづる冒頭の「グッド・モーニング・ボルチモア」と、フィナーレを飾る大合唱「誰もビートを止められない」が、エネルギーのほとばしる快い佳曲。トレーシーとリンクの恋が芽生える「鐘の音が聞こえる」がメロディアスなナンバーだ。トレーシー、ペニー、ライヴァルとなる意地悪な学友の三人が、別空間でそれぞれの家庭の境遇を同時に語る「ママ、もう子供じゃないのよ」の趣向が優れている。黒人歌手が熱唱する「ビッグ、ブロンドそしてビューティフル」と「アイ・ノウ・ホエア・アイヴ・ビーン」がソウルフルで聴かせる。

2642公演の大ヒットとなった。トニー賞は作品など8部門を制覇。2007年に映画化された。

『ウィキッド』の多彩な魅力

『ヘアスプレー』の翌年に幕を開けた『ウィキッド Wicked』（2003年）は、コメディとはまったく別の系統にあるミュージカルだが、右記2作をはるかに上回るメガ・ヒットとなり、21世紀ブロードウェイの隆盛を決定づけた。

ライマン・フランク・ボームの児童文学『オズの魔法使い』（1900年）の設定を借りたグレゴリー・マグワイアの小説『ウィキッド——西の悪い魔女の生涯とその時代』（1995年）をミュージカル化したもの。『オズの魔法使い』の前日譚に当たり、その物語の裏側に隠されていた恐ろしい実態を暴くブラック・ファンタジーだ。スティーヴン・シュワルツ作詞・作曲による久々の、かつ最大のヒット作となった。ウィニー・ホルツマン台本、ジョー・マンテロ演出、ウェイン・シレント振付。

東のマンチキン国の総督の娘エルファバは生まれながらにして肌が緑色で、両親からも疎まれていた。彼女は足の不自由な妹に付き添って魔法を学ぶシズ大学に入学する。内省的なエルファバは、対照的に社交的なグリンダと同室になり、当初こそ反りが合わなかったものの、やがて無二の親友となる。ある日、西のウィンキー国から男前の王子フィエロが転校して来る。エルファバは彼に惹かれるが、積極的なグリンダが取り入ってフィエロのボーイフレンドに収まる。

強い魔力を秘めたエルファバはある日、エメラルド・シティに居するオズの魔法使いから召喚される。ところが実際に会ってみると、魔法使いは実は魔力など持たない貧相な人間だった上、エルファバに彼の支配の片棒を担ぐよう要請する。真相を知って怒ったエルファバは、妥協を勧めるグリンダを振り切り、「魔法の書」を奪って空中に舞い上がる。それに対して体制側は、エルファバを「悪い魔女」だと喧伝して国民の恐怖を煽る。一方、グリンダは「善い魔女」に祭り上げられ、彼女と婚約したフィエロは護衛隊長を任じられている。

だが、フィエロはいつしか誠実なエルファバを愛しており、二人はフィエロの故国がある西へと逃避行に走る（このエルファバ、フィエロ、グリンダの関係は『アイーダ』に似ている）。こうして「西の悪い魔女」にされたエルファバは人々に追い詰められ、水をかけられて消失する……。

まずは、魔法の国をヴィジュアライズしたスペクタクルの面白さで一気に引き込む。次に、女性二人の確執と和解、三角関係、姉妹の愛憎など人間関係のドラマが繰り広げられる一方で、二つの賑やかなダンス・シーンを挿入してショーアップにも事欠かない。また、東の総督の娘がなぜ、西の悪い魔女になったのか、という謎解きを始めとして、『オズの魔法使い』からは相当に隔たった設定から話が始まりながら、パズルのピースがはまるようにいつしかその世界に符合してゆく知的な面白さもある。さらには、異分子を排除するシステム、極限状況での愛情と信頼など、シリアスなテーマにも分け入る。さまざまな次元の魅力を備えた大作だ。女性二人がヒロインとなる「ダブル・ヒロイン」のパターンとしては、『シカゴ』以来の大ヒットとなった。

楽曲は、耳に心地よい多彩なナンバーが目白押し。1幕ラスト、エルファバが宙高く舞い上がるシーンで歌う「重力に逆らって」がドラマティックな代表曲。グリンダがエルファバに〈人気者にしてあげるわ〉と持ちかける「ポピュラー」がメロディアスな佳曲だ。前半でエルファバが歌う「魔法使いと私」に初々しさがみなぎる。フィエロが先導する「生涯踊って」が人間関係の変化を織り込んだ軽快なダンス・ナンバー。後半、逃避行するフィエロとエルファバがデュエットする「あなたが私のものである限り」に切迫感がこもる。終盤、立場を違えながらも、グリンダとエルファバが変わらぬ友情を確かめ合う「フォー・グッド（永遠に＝善のために）」がしみじみとした情感を奏でる。

２０１６年春現在、５２００公演を超えてロングラン中。トニー賞は主演女優など3部門のみ。作品賞も有力視されたが、16章で述べる出演者わずか九人のミュージカルにさらわれた。

メタ・ミュージカルの面白さ

さて、『プロデューサーズ』の大ヒットは、ミュージカル・コメディの復権をもたらした。それも、くすりとした笑い程度ではなく、客席を爆笑の渦で包む抱腹絶倒のコメディが次々と製作されたのである。

『モンティ・パイソンのスパマロット Monty Python's Spamalot』（２００５年）は、英国のコメディ集団モンティ・パイソンによる映画『モンティ・パイソン＆ザ・ホーリー・グレイル』（１９７５年）をミュージカル化したものだ。パイソンズのメンバー、エリック・アイドルが作詞・台本と作曲の一部を手掛けている。ジョン・デュプレ作曲、マイク・ニコルズ演出、ケイシー・ニコロウ振付。

物語はアーサー王伝説のパロディ。時代はイングランドがアングロ・サクソンとフランスに分割されていた10世紀。湖の貴婦人に聖剣エクスカリバーを授かったアーサー王が円卓の騎士を率い、聖杯（ホーリー・グレイル）を求めて遍歴の旅を続ける。しかし、フランス兵にはいいようにコケにされ、難題を吹っかける「ニッの騎士」に翻弄され、凶悪なウサギに痛めつけられ……と散々な目に遭う。

この舞台の特色は筋立てよりも、ギャグやパロディ、約束事を逆手に取ったナンセンスが満載だということに尽きる。のっけからイングランドとフィンランドを間違えて、場違いなフィンランド人たちが臆面もなく登場して歌い踊ったり、演出上ココナッツの実で馬の蹄音を刻んでいると、脇から〈この時代のイングランドにココナッツはなかった〉といったツッコミが入ったりする。トロイの木馬や『オペラ座の怪人』のパロディも哄笑を誘った。

さらには、ミュージカルの約束事をからかう趣向が傑作だ。ラヴ・デュエットがどんどん高いキーに転調して男声が悲鳴を上げたり、しばらく出番がなかったヒロイン、湖の貴婦人が唐突に出てきては〈2幕も半ばなのに出番がない〉と訴えるナンバーを歌ったりする。終盤、アーサー王らの目的は「ブロードウェイ進出」に変わり、辿り着いたブロードウェイではアーサー王と湖の貴婦人が結婚して強引なハッピーエンドを迎える。

ラヴ・デュエット「こんな歌」が、いかにもありそうなラヴ・ソングの旋律を模した音楽的パロディ。出番のない湖の貴婦人がキレる「ディーヴァの悲しみ」が実におかしい。合唱曲「皆は一人のために」「人生楽に生きようよ」が快活な好ナンバー。アーサー王の「アイム・オール・アローン」がしんみりとした佳曲。

1575公演。トニー賞は作品など3部門を受けた。

その翌年の『ドラウジー・シャペロン The Drowsy Chaperone』(2006年)は劇中劇のミュージカルを入れ子に抱える、企みに満ちたミュージカル・コメディだ。リサ・ランバート&グレッグ・モリソン作曲・作詞、ボブ・マーティン&ドン・マッケラー台本、ケイシー・ニコロウ演出・振付。

自室で語り手の「椅子の男」が、1928年初演の「ドラウジー・シャペロン」なるミュージカルのレコードに針を落とすと、部屋の中に忽然とその作品世界が立ち現れる。そのミュージカルとは、人気女優が結婚する波乱万丈の一日を描いた古典的なラヴ・コメディだ。ストーリー・音楽ともに20年代のスタイルで仕立てたパスティーシュになっている。人気女優が引退を表明する「ショー・オフ」の場面が最大の見せ場だ。

だが、この作品の面白さは、劇中劇の内容よりも、「椅子の男」がかける音楽の進行が劇中劇を支配する、という枠組みにある。レコードの再生には彼の思い入れたっぷりの解説が挿入されたり、予期せぬ邪魔が入ったりする。その度に劇中劇は現実世界の干渉を受けることになる。例えば、レコードの針が飛んで同じメロディを何度も繰り返すと、劇中劇のダンスも同じステップを何度も反復する。停電すると劇も静止する。それによって、もともとバカバカしいものであった物語の滑稽さが増幅されるのだ。

物語の結末では、枠組み自体を覆す想定外のオチがつけ加えられる。674公演。トニー賞は楽曲、台本など5部門で受賞した。

『プロデューサーズ』『モンティ・パイソンのスパマロット』そして『ドラウジー・シャペロン』に共通するのは、ミュージカルの興行や約束事を皮肉ったミュージカル、すなわち「メタ・ミュージカル」であるという点だ。この流れにある作品に、シェイクスピアの時代にミュージカルを作ろうとする演劇人たちを面白おかしく描いたミュージカル・コメディ『サムシング・ロッテン！ Something Rotten!』（2015年）がある。

異文化ギャップのおかしさ『ブック・オブ・モルモン』

アフリカにおけるモルモン教布教の苦戦という極めてマイナーな題材に挑みながら、『ブック・オブ・モルモン The Book of Mormon』（2011年）は広範な観客を笑いの渦に巻き込み、大ヒットを記録している。ロバート・ロペス、トレイ・パーカー&マット・ストーン作曲・作詞、ケーシー・ニコロウ&トレイ・パーカー演出、ケーシー・ニコロウ振付。

モルモン教の本拠地ソルトレイク・シティの布教訓練所から、二人の若き伝道師がウガンダへ派遣されることになった。二枚目で意欲的なプライスと、シャイでずんぐりしたカニングハムは共に幼児性を宿し、おぼつかない。二人は先発した伝道師たちと現地で合流するも、彼らはまだ一人も信者を獲得できていなかった。人々は、戦争や飢饉、エイズ禍、軍の圧政といった過酷な現実の前に宗教どころではなかった。さらに因習の壁が立ちはだかり、プライスがモルモン書を片手に村人たちに説教しても、まったく理解されない。そこへ軍の地区司令官が現れ、村の女性に割礼を命じ、抗議した男性を射殺する。返り血を浴びて怖気づいたプライスは任務を放棄して帰途につく。

しかし、ダサいカニングハムの方が活路を拓く。ガイドの娘で愛らしいナブランギに布教を促された彼は、まっとうな教えでは村人に通じないことから、良心の呵責と戦いつつ、モルモン書を現地の事情に即して甚だしく改竄して布教する。モルモン教の開祖ジョゼフ・スミスはカエルとセックスしたらエイズが治った、などと。すると、たちまち信者を獲得でき、赫々《かっかく》たる戦果の報告を受けて本部から伝道長らが視察に来る。ところが、改宗した村人らはあろうことか、伝道長の前で改竄された教えを愚直に劇にして演じてしまい、大混乱に陥る。けれども、ナブランギが因習を逆用する知恵を働かせ、ハッピーエンドに収まる……。

布教という設定が巧みで、異文化とのギャップが笑いを生み出す。話がとんと通じないおかしさが、まずある。さらに、それを打破するためにナンセンスな事態が出来《しゅったい》する。また、二枚目と三枚目の凸凹コンビのうち、三枚目の方が活躍するのも意外性があり、彼はヒロインのナブランギとラヴ・デュエットを果たす。村人たちが伝道師を歓待するダンス・ナンバー「Hasa Diga Eebowai」が「ファック・ユー・ゴッド」の意で、かつ『ライオン・キング』の曲想のパロディになっているなど、歌とダンスで爆笑を誘う趣向だ。

いったんは帰途についたプライスが引き返し、軍の司令官に立ち向かう歌「僕は信じる」が勇壮なテーマ曲。カニングハムとナブランギの意味深長なデュエット「私を洗礼して」は、ラヴ・デュエットのパターンを皮肉っている。出立時にプライスが勢い込んで歌う「君と僕（だけどほとんど僕）」は、『ウィキッド』の「重力に逆らって」のパスティーシュのようだ。カニングハムとプライスが歌う「アイ・アム・ヒア・フォー・ユー」と、イノセントなナブランギが夢見る「サル・トレイ・カ・シチ（ソルトレイク・シティの訛り）」がメロディアスなバラード。

トニー賞は作品など9部門を制した。２０１６年春現在、２１００公演を超えてロングラン中。

バカげた連続殺人の喜劇

さらに、バカげた連続殺人を描いた『紳士のための愛と殺人の手引き A Gentleman's Guide to Love & Murder』（2013年）も大当たりした。伯爵の爵位継承順位が八位と知らされた貧しい男が、殺人を重ねることで伯爵になろうとする荒唐無稽な話。ロイ・ホーニマンの小説（1907年）が原作。スティーヴン・ラトヴァク作曲・作詞、ロバート・L・フリードマン作詞・台本、ダルコ・トレズニャック演出。

20世紀初頭のロンドン。母子家庭に育ち、最近母親を亡くしたモンティは、自らが大富豪である伯爵の八番目の跡取りと知って、上位七人と伯爵本人を次々と殺害してゆく。これが「殺人の手引き」。一方で、モンティの幼馴染でかねて恋心を抱いていた女性シベラと、殺害した養蜂家の美しい妹フィービーとの恋愛が「愛の手引き」の脇筋を形成する。モンティは目論見通り伯爵になるが、犯罪が露見して収監される……。

舞台上には、もう一つの額縁舞台が設えられ、その外側では殺人の罪で死刑執行を待つモンティが回想録を書いている。回想の中身を劇中劇で再現する設定で、数々の殺人は額縁の中の「お芝居」として提示される。そのため、犯罪もののブラックな色合いはほとんどなく、被害者が他愛もなく殺されてゆくさまがむしろ滑稽に描かれる。この二重構造が巧みで、終盤、外枠でのどんでん返しが用意されている。殺害される伯爵家の八人を同じ俳優が演じ、その「八変化」ぶりも見ものだ。

音楽は、勇壮な行進曲、蠱惑的なワルツ、華麗なバラードなどを、古風で優雅な室内楽の編曲で彩る。3拍子ならびにその倍数の楽曲が主人公を愛と殺人に誘引する趣向で、モンティは歌に操られるように殺人に手を染めてゆく。モンティが歌う「ばかげた考え」は彼に一線を越えさせ、「ポケットの毒」が最初と最後の殺人を彩る。モンティと出会ったフィービーが歌う「インサイド・アウト」が大仰なバラード。モンティになびいたシベラとフィービーが鉢合わせするデュエット曲「あなたと結婚するわ」がコミカルな一場を形成する。1幕ラストを飾る多重唱「期する最後の一人」がドラマティックな佳曲だ。

905公演。完成度の高いミュージカル・コメディで、トニー賞は作品など4部門で受けた。

15.

ジュークボックスと映画
——21世紀の隆盛②

マンマ・ミーア！
ジャージー・ボーイズ
ビューティフル
ビリー・エリオット
マチルダ

21世紀に入って、特定のアーティストが放ったヒット曲で構成する「ジュークボックス・ミュージカル」があまた製作されている。その先鞭をつけたのが、ロンドン発、アバのヒット曲でつづる『マンマ・ミーア！ Mamma Mia!』（ロンドン1999年、BW2001年）だ。アバの男性メンバーであるベニー・アンダーソン&ビョルン・ウルヴァース作曲・作詞、キャサリン・ジョンソン台本、フィリダ・ロイド演出、アンソニー・ヴァン・ラースト振付。

アバの歌で彩る『マンマ・ミーア！』

ギリシャはエーゲ海に浮かぶ小島が舞台。小さなホテルを営む未婚の母ドナに育てられた一人娘ソフィは結婚を目前に控え、式に列席して欲しくて父親探しを敢行する。ドナの古い日記を盗み読みして父親である可能性の高い三人の男性を特定し、密かに島に呼び寄せる。式の前日、その元カレ三人が一気に出現したことに驚くドナの発する言葉が「マンマ・ミーア！（なんとまあ！）」だ。ドナの親友も集まり、彼ら彼女らとのやり取りを通じて、揺れるソフィとドナの心情をつづる。終盤、巧妙なハッピーエンドが用意されている。

既に、ミュージカル『チェス Chess』（ロンドン初演1986年、BW1988年）の作曲を手掛けた実績のあるアバの二人だが、彼らの楽曲はノリがよくてメロディアスであり、ミュージカルによく似合う。さらに、もともとは関連なく作られていたアバの原曲を、ストーリーに沿ってうまく当てはめていった構成が巧みで、ウェルメイドなミュージカルとなった。ポップス・ファンなど、ミュージカルの常連客以外にも客層を広げた功績も大だ。

アバの大ヒット曲「ダンシング・クイーン」「チキチータ」「スーパー・トゥルーパー」などもうまく活用されているが、効果的なナンバーとしては、前述の「マンマ・ミーア!」、婚礼を前にソフィとドナの母娘がしみじみとデュエットする「手をすり抜けて」、元カレの前でドナが秘めていた恋心を吐露する「勝者がすべてを」などがある。

ブロードウェイでは14年に及ぶ5758公演の大ロングランを記録したものの、トニー賞は無冠だった。ロンドンでは2016年春現在、なおロングラン中。2008年に映画化された。

この『マンマ・ミーア!』の大成功に触発されて、ジュークボックス・ミュージカルが雨後のタケノコのように相次ぎ出現した。楽曲のアーティストとタイトルを並べると――。

ビリー・ジョエルの『ムーヴィン・アウト Movin' Out』(2002年、1303公演)、クイーンの『ウィー・ウィル・ロック・ユー We Will Rock You』(ロンドン2002年、4659公演)、マッドネスの『アワ・ハウス Our House』(ロンドン2002年)、バート・バカラック&ハル・デイヴィッドの『ルック・オブ・ラヴ The Look of Love』(2003年、49公演)、ピーター・アレンの『ボーイ・フロム・オズ The Boy from Oz』(オーストラリア初演1998年、BW2003年=364公演)、ボーイ・ジョージの『タブー Taboo』(2003年、100公演)、ビーチ・ボーイズの『グッド・ヴァイブレーションズ Good Vibrations』(2005年、94公演)、エルヴィス・プレスリーの『オール・ショック・アップ All Shock up』（2005年、213公演）、ジョン・レノンの『レノン Lennon』（2005年、49公演）、ザ・フォー・シーズンズの『ジャージー・ボーイズ Jersey Boys』（2005年、後述）、ジョニー・キャッシュの『リング・オブ・ファイア Ring of Fire』（2006年、57公演）、アース・ウィンド&ファイアーの『ホット・フィート Hot Feet』（2006年、97公演）、ボブ・ディランの『時代は変る The Times They Are A-Changin'』（2006年、28公演）など、目のくらむようなリストとなる。

こうしたジュークボックス・ミュージカルの流行はこれが初めてではない。1978年、ファッツ・ウォーラーの曲でのハーレムのナイトクラブを描く『エイント・ミスビヘイヴィン Ain't Misbehavin'』が大ヒットし、1604回ものロングランを重ねた。これに触発されて、ユービー・ブレイクの曲を集めた『ユービー！ Eubie!』（1978年、439公演）、デューク・エリントンのナンバーで彼の業績をつづる『ソフィスティケイテッド・レイディーズ Sophisticated Ladies』（1981年、767公演）が相次ぎ製作された、という前例がある。トニー賞レースでも、『エイント・ミスビヘイヴィン』は作品など3部門、『ソフィスティケイテッド・レイディーズ』は衣装など2部門で受賞している。この当時は、これらの作品に対して「カタログ・ミュージカル」という言い方もされたが、今日では「ジュークボックス・ミュージカル」が一般的だ。その後も、バディ・ホリーの生涯を彼の楽曲でつづる『バディ Buddy』（ロンドン1989年＝5140公演、BW1990年＝225公演）、ルイ・ジョーダンゆかりの曲を使った『モーという名の5人の男 Five Guys Named Moe』（ロンドン1990年、BW1992年＝445公演）がつくられている。

『ジャージー・ボーイズ』がトニー賞

現代の流行に話を戻すと、おびただしく製作されたわりには成功作はさほど多くない。『マンマ・ミーア！』に続いてヒットしたのは『ムーヴィン・アウト』だが、これは舞台中央に置かれたピアノでシンガーがビリー・ジョエルのヒット曲を弾き語りする傍ら、ダンサーたちが踊る趣向のミュージカル。ダンスはヴェトナム戦争で傷ついた若者たちを表現しているとのことだが、解説なしに観ただけではそのストーリーは理解しづらく、ダンスつきコンサートの色合いが強かった。

そして、前記リストの中で唯一、トニー賞の作品賞を射止めたのは『ジャージー・ボーイズ』だった。ジュークボックス・ミュージカルは、アーティストの楽曲を使いながらそのアーティストの事績を描く「伝記系」と、まったく別のストーリーに楽曲を当てはめて構成する「物語系」に大別できる。『マンマ・ミーア！』が物語系だったのに対し、『ジャージー・ボーイズ』はニュージャージー出身の四人組ヴォーカル・グループ、ザ・フォー・シーズンズの歩みをつづった伝記系だ。ボブ・ゴーディオ作曲、ボブ・クルー作詞、マーシャル・ブリックマン&リック・エリス台本、デス・マカナフ演出。

グループ名にちなんでストーリーは春・夏・秋・冬の4章に分かれ、四人のメンバーがそれぞれ語り手となる。春、イタリア系労働者階級にあったトミーは、友人のニック、ヴォーカルの才を秘めたフランキーとバンドを組み、小さなステージで演奏をしていた。ある日、彼らは弱冠十代のシンガー・ソングライター、ボブ・ゴーディオと知り合う。夏、フランキーの声に惹かれてバンドに加入したボブは、非凡な作曲の才能を発揮してゆく。四人は音楽出版会社のプロデューサー兼作詞家のボブ・クルーに見出されて契約し、「ザ・フォー・シーズンズ」と名乗って売り出す。やがて「シェリー」が大ヒットし、スターダムへと駆け上がるが、その裏ではほころびが生じ始めていた。

秋、ニックは成功の陰で進行していたトラブルを回想する。トミーは多額の借金をこさえ、バンドのギャラを着服していた。フランキーとボブはメンバー全員で借金を返済してゆくことを決めるが、二人だけで決断を下したことに対してニックは憤る。連日のツアーでホテル暮らしにもほとほと疲れていたニックは、バンド脱退を表明する。冬、トミーとニックの決別がこたえた、とフランキーは述懐する。やがて、作曲家に専心する決意を固めたボブから、ソロとして活動してはどうかと勧められる……。

四人のメンバーが集まってゆく若い日々に疾走感がある。「シェリー」が初ヒットするシーンは、当時の客席の映像も交えてスクリーンに映し出し、臨場感を醸し出す。やがて内紛が生じ、それぞれの秋にほろ苦さが漂う。人気バンドの成功と破綻、栄光と哀愁をポップな曲に乗せてテンポよく描き出した。エンディングには、ロックの殿堂入りが決まった1990年、メンバーが久々に顔を合わせて演奏する場面が置かれ、感慨を催させる。

1幕では「シェリー」のほか、「恋はヤセがまん」「恋のハリキリ・ボーイ」「1963年12月（あのすばらしき夜）」「瞳の面影」など、2幕では「レッツ・ハング・オン」「バイ・バイ・ベイビー」「君の瞳に恋してる」「君のもとへ帰りたい」「悲しきラグ・ドール」など、ザ・フォー・シーズンズもしくはフランキー・ヴァリ（ソロ）のヒット曲が満載。

2016春現在、4300公演を超えてロングラン中。トニー賞は4部門を獲得した。2014年の映画化は、高い評価を受けた。

その後、ジュークボックス・ミュージカルのブームは落ち着いたが、少し時期を置いて作られた『ビューティフル Beautiful The Carole King Musical』（2014年）は久々の佳作だった。キャロル・キングの作った歌で彼女の人生を彩る伝記系。キャロル・キング、ジェリー・ゴフィン&バリー・マンら作曲・作詞、ダグラス・マックグラス台本、マーク・ブルーニ演出。

伝記系のジュークボックス・ミュージカルでは、そのアーティストの歌う場面が大半を占めるが、その点で大きく異なるのは、キャロル・キングは「タペストリー」などで知られるシンガー・ソングライターである以前に、多くのヒット曲を他に提供したポップス作曲家であることだ。従って、彼女自身が歌う場面に偏らず、彼女が書いた歌を他のアーティストが歌う場面も多い。シレルズの「ウィル・ユー・ラヴ・ミー・トゥモロー」、ドリフターズの「アップ・オン・ザ・ルーフ」、リトル・エヴァの「ロコモーション」など多彩なシンガーが登場して歌を披露する点で、ジュークボックス・ミュージカルにヴァラエティをもたらした。また、キャロル・キングがまばゆいオーラを放つスーパー・ガールというより、庶民的な私生活を辿ってきた点でも、スターに上り詰める栄光に焦点を定める従来型とはひと味違う物語になっている。

２０１６年春現在、９００公演を超えてロングラン中。トニー賞は主演女優など2部門で受賞した。

なお、特定のアーティストによる楽曲ではないが、１９８０年代にヒットしたさまざまなロック曲を集めた、ＳＦ的設定のボーイ・ミーツ・ガールもの『ロック・オブ・エイジズ Rock of Ages』（２００９年）は２３２８公演のロングランを記録した。トニー賞は無冠。

増える映画原作

21世紀に入ってのもう一つ顕著な傾向は、映画が原作のミュージカルが著しく増えていることだ。前章で述べた中でも、トニー賞作品賞を受けた『プロデューサーズ』（２００１年）、『ヘアスプレー』（２００２年）、『モンティ・パイソンのスパマロット』（２００５年）はいずれも映画が原作。『ライオン・キング』などディズニー・ミュージカルもむろん、大半はアニメ映画が原作だ。このほかの映画（映像）原作の主なミュージカルを挙げると、壮観なリストを形成する。

『モダン・ミリー Thoroughly Modern Millie』（２００２年、９０３公演。トニー賞は作品など6部門）、『ペテン師と詐欺師 Dirty Rotten Scoundrels』（２００５年、６２７公演。トニー賞主演男優賞）、『メアリー・ポピンズ Mary Poppins』（ロンドン初演２００４年、ＢＷ２００６年＝２６１９公演。トニー賞美術賞）、『ウェディング・シンガー The Wedding Singer』（2006年、285公演）、『グレイ・ガーデンズ Grey Gardens』（2007年、307公演。トニー賞は主演女優など3部門）、『ザナドゥ Xanadu』（2007年、512公演）、『リーガリィ・ブロンド Legally Blonde』（2007年、595公演）、『ヤング・フランケンシュタイン Young Frankenstein』（2007年、485公演）、『ビリー・エリオット Billy Elliot』（ロンドン初演2005年、BW2008年。後述）、『9時から5時まで 9 to 5』（2009年、148公演）、『天使にラヴ・ソングを Sister Act』（ロンドン初演2009年、BW2011年＝561公演）、『キャッチ・ミー・イフ・ユー・キャン Catch Me If You Can』（2011年、166公演。トニー賞主演男優賞）、『スパイダーマン Spider-Man』（2011年、1066公演）、『ワンス Once』（2012年、次章で詳述）、『ニュージーズ Newsies』（2012年、1004公演。トニー賞は楽曲など2部門）、『キンキー・ブーツ Kinky Boots』（2013年、続演中。トニー賞は作品など6部門）、『ロッキー Rocky』（2014年、180公演。トニー賞美術賞）、『ブロードウェイと銃弾 Bullets Over Broadway』（2014年、156公演）、『巴里のアメリカ人 An American in Paris』（2015年、続演中。トニー賞は振付など4部門）、『ネヴァーランド Finding Neverland』（2015年、続演中）。

もとよりミュージカルはなんらかの原作を持つ作品が多い。かつては小説や戯曲だったものが、近年は映画がそれに取って代わったのだ。製作費が高騰する中で、興行的な安定を狙って、広範な観客が見知っている題材を選ぶ傾向が高まったと言える。ジュークボックス・ミュージカルと共通する点は、観客が共有する記憶を当て込んでいることだろう。

英国発の傑作2本

右リストのうち『ビリー・エリオット Billy Elliot』（映画邦題『リトル・ダンサー』、2000年）は、ロンドン・ミュージカルとしては『サンセット大通り』以来となるトニー賞作品賞を獲得した。炭鉱町でバレエ・ダンサーを目指す少年の話だ。エルトン・ジョン作曲、リー・ホール作詞・台本、スティーヴン・ダルドリー演出、ピーター・ダーリング振付。

1984年の英国、北部の炭鉱町では不況のあおりで炭鉱の閉山をめぐり労使交渉が激化している。そんな町に育った12歳のビリーは、バレエ教師に才能を見出され、ロンドンの王立バレエ学校への入学を目指してレッスンに励む。一方、家庭では労働ストをめぐって、穏健派の父親と過激な兄とが対立している。内緒でバレエ学校のオーディションを受けようとしたビリーは、家族の反対に遭って受験を断念する。

しかし、それでもバレエを諦めないビリーを見て父親も理解を示し始める。炭鉱仲間たちも仕度金のカンパに応じ、ビリーはオーディションを受けて見事合格する。その日、組合は敗北を喫し、労働者たちはみな職を失う……。

少年の夢の実現に向けた葛藤と、大人たちの反骨精神と妥協との葛藤を、二重写しに映し出す。1幕の「一致団結」の場面は、いかつい労働者たちと警官隊との対峙と、いたいけな少女ダンサーたちのレッスンとを、同じ空間で同時に進行させたのがユニークだ。1幕ラスト、受験を断念させられたビリーがやり場のない苛立ちをぶつける「アングリー・ダンス」のシーンも、デモ隊と警察とのぶつかり合いとを重ねて迫力がある。亡くなった母親を登場させ、ビリーと交感するシーンが泣かせる。

オーディションの口頭試験で、ビリーが踊っている時の心境を答える「エレクトリシティ（電気のよう）」が屈指のバラード。18歳になったら開封していいと言われていた亡き母の手紙を読む「手紙」がメロディアスな佳曲で、終盤にリプリーズされる。前述した「一致団結」の多重唱も印象深い。1幕の祖母の歌、2幕の父親の歌に温もりがある。

ロンドンでは2005年から2016年春までロングラン。ブロードウェイでも1312公演を記録した。トニー賞は、ビリーを演じた子役三人が主演男優賞を同時受賞するなど、作品を含め10部門をさらった。

子供が主役のロンドン・ミュージカルでは『マチルダ Matilda The Musical』（ロンドン初演2011年、BW2013年）も傑作だ。ロアルド・ダールの児童文学が原作だが、映画化（1996年）もされている。ひどい大人たちを成敗する天才少女マチルダの活躍を描く。ティム・ミンチン作曲・作詞、デニス・ケリー台本、マシュー・ウォーチャス演出、ピーター・ダーリング振付。

早熟な少女マチルダが通う小学校は、生徒が虐げられる悲惨な状況にあった。元ハンマー投げの選手だった女性校長トランチブルが、厳格な教育を墨守していたからだ。担任のハニー先生はマチルダの才を見抜き、校長に飛び級を進言するがすげなく却下される。やがて校長の横暴が募り、さらに彼女はハニー先生の父親を殺害して家を乗っ取っていたことが判明する。物を動かす超能力をも身につけたマチルダは、教室で校長を脅して街から追放する……。

無理解で俗物の両親や、悪漢の校長をとっちめるマチルダの姿が痛快だ。迫害されていたハニー先生を救済する物語も重ねられている。正義と成長が結実したエンディングが温かい。原作にないエピソードとして、マチルダが図書館で物語る奇術師の悲劇が、ハニー先生の両親の実話と符合してゆく展開に深みがある。女性校長は男優が演じ、そのマッチョで過剰なパワーが笑いを誘う。多数の子役たちが躍動的であり、一つひとつの場面にユニークな工夫や多重の意味が込められている。

2幕前半で生徒らが歌う「大人になったら」が、成長への憧憬を歌い上げた佳曲。フィナーレで反復される。2幕後半でハニー先生が〈大きくはないけれど私には充分〉と虚勢を張る「我が家」が痛々しいバラードだ。マチルダと奇術師が歌う「アイム・ヒア」に悲しみが宿る。校長が管理教育を主張する「ハンマー」「反逆の匂い」、愚かな父親が歌う「テリー」に戯画化のユーモアがある。

2016年春現在、1200公演を超えてロングラン中。トニー賞は台本など4部門を受けた。

16.

オフ発の秀作
──21世紀の隆盛③

ユーリンタウン
アヴェニューQ
春のめざめ
イン・ザ・ハイツ
ワンス
ファン・ホーム
ハミルトン

製作費が高騰して、大資本では映画やヒット曲を当て込んだ堅実な戦略が進む反面、オフ・ブロードウェイから実験的で斬新な秀作が生まれている。21世紀に入って、オフからオン・ブロードウェイに進出したミュージカルが相次いで大ヒットし、高い評価を受ける傾向に拍車がかかっている。この流れの先鞭をつけたのはトニー賞受賞作『レント』（1996年）だろう。次に挙げるオフ発の作品群も、冒頭の1作を除いてすべて作品賞に輝いている。

『ユーリンタウン Urinetown』（2001年）は、有料の公衆トイレでしか排泄が許されなくなった暗黒の街を描く風刺劇。マーク・ホルマン作曲・作詞、グレッグ・コティス作詞・台本、ジョン・ランド演出。

長引く干ばつにより、節水のため自家用トイレが禁止され、独占企業が運営する公衆トイレの使用が義務付けられた街。違反者は警察に摘発され、「ユーリンタウン」へと永久追放される。それは死刑を意味した。貧民街では人々は尿意と戦いながら抑圧された日々を送っていたが、ボビーの父親が立ち小便の重罪を犯して、警官のロックストックに連行されたことで変わり始める。

父を失ったボビーは美しい娘ホープとの出会いに力を得て、おしっこをする自由を求めて立ち上がる。革命を目指して貧民たちを率いたボビーは、街を牛耳る独占企業の社長と対峙するが、なんと社長は愛するホープの父親だったことが判明する。ボビーはあえなく殺されるものの、その遺志を継いだホープは父親である社長を告発し処刑する。そして新社長に就任して水を自由化すると、そのために深刻な水不足を招いて街は滅びる……。

寓話的なディストピアもので、圧政と革命をシニカルに映し出す。権力者も革命家も純愛も戯画化されている。マッチョな警官が建前を述べるそばから本音がこぼれ、愚鈍な少女サリーの質問がはしなくも本質を突く。ナレーターを務めるこの二人の会話がユーモラスだ。

主題歌「ユーリンタウン」を始め、楽曲はクルト・ヴァイルの曲調を継承している。ボビーとホープのラヴ・デュエット「心のままに」がメロディアスな佳曲。亡くなったボビーの遺言をサリーが伝える「愛していると彼女に伝えてくれ」が耳に残る好ナンバー。伝言の最後が〈イフ・オンリー……（せめて……）〉で途切れ、肝心なことが語られないのがおかしい。前半でボビーらがさわやかに歌い上げる「空を見ろ」、終盤にホープが強い意志をみなぎらせて歌う「河が見える」が勇壮だが、そこにも皮肉がある。

965公演。トニー賞は楽曲・台本・演出の3部門。

人間とパペットが共演『アヴェニューQ』

『アヴェニューQ Avenue Q』（2003年）は出演者わずか九人の小規模な舞台ながら、人気の大作『ウィキッド』を向こうに回してトニー賞作品賞を勝ち取った。パペット（操り人形）を用いた子供向け教育番組「セサミ・ストリート」の大人版といった趣だが、パペットと人間の俳優が共演するのがユニークだ。ロバート・ロペス&ジェフ・マークス作曲・作詞・原案、ジェフ・

『アヴェニューQ』初演舞台（2003年）（Photofest／アフロ）

ウイッティ台本、ジェイソン・ムーア演出、ケン・ロバーソン振付。

あまり役に立たない英語の学士号を得て大学を卒業した青年プリンストンは、格安の物件を求めてアヴェニューQ（架空の地番）のアパートに移り住んだ。住人は善良な人々ばかりで、幼稚園教員助手、コメディアン志望のフリーターと日本語訛りのセラピストのカップル、ニートとルーム・シェアしている銀行員、ネットばかりしているオタク、クラブ歌手らと日常的に接する。プリンストンは彼らとの交情を通じて、まだ定まらぬ人生の目的へと向けて歩み始める……。

ほのぼのとした人形劇のようでいて、その実、失業や格差、同性愛、人種差別といった現代のセンシティヴな問題やタブーに、ユーモアのオブラートでくるみながら痛快に切り込んでいる。パペットのセックス・シーンは爆笑を誘った。

「みんな少しは差別主義者」「もし君がゲイでも」の歌詞は痛い本質を突いている。ネット・オタクの歌う「インターネットはポルノのため」がおかしい。

機智に富む楽曲は素朴で陽気。1幕ラストで教員助手が歌い上げる「紙一重しかない」が代表曲と言える好ナンバーで、終盤にリプリーズされる。プリンストンの「英語の学士号で何ができる?」、教員助手が歌う「ミックス・テープ」、教員助手とニートとプリンストンのトリオ「大学に戻れたら」がメロディアスだ。

2534回のロングランを記録した。トニー賞は作品・楽曲・台本の3部門で受賞。

『春のめざめ Spring Awakening』(2006年)は、ドイツのフランク・ヴェデキントの古い戯曲(1891年)をロック・ミュージカルにしたものだが、意外にも大当たりした。思春期の悩みと、性の無知による悲運を描いた痛ましい物語。ダンカン・シーク作曲、スティーヴン・セイター作詞・台本、マイケル・メイヤー演出、ビル・T・ジョーンズ振付。

19世紀末、ドイツの保守的な地方都市。十代の少年少女らは、ギムナジウムで知識を詰め込む窒息しそうな教育を受けていた。優等生のメルヒオールは授業で自分の意見を述べ、体罰を受ける。姉が妊娠したヴェンドラは、どうしたら赤ちゃんができるかを母親に尋ねるがはぐらかされる。幼馴染の二人は森の中で再会し、互いに思いを寄せるようになる。一方、ヴェンドラの友人マルタは父親から虐待を受けていた。その話を聞いたヴェンドラは、痛みを実感するためにメルヒオールに木の枝で自分を叩くように頼む。その行為がエスカレートして、二人は性知識のないままに肉体関係を持つ。

もう一人の主要人物、モリッツは劣等生で、性的な悩みにさいなまれていた。彼は退学へと追いやられ、メルヒオールの母親にアメリカへ出奔するための資金を無心するものの、丁重に断られて森でピストル自殺する。やがてヴェンドラが妊娠し、母親によって堕胎手術を受けさせられるが、それがもとで死んでしまう。一方、彼女との関係が発覚したメルヒオールは感化院に送られる。彼は脱走するものの、森の中でヴェンドラの墓を見つけ、彼女の死を知って自責の念にかられる。そこへ死者であるモリッツが現れ、彼を死の世界へといざなう……。

背広姿の19世紀の少年たちが、おもむろに懐からマイクを取り出して歌いだす演出が意表を突く。抑圧された日常と裏腹にある内面の叫びを、ロックに乗せて奔出させている。無理解な大人たちを告発するばかりではなく、世界がまだ把握できない若者たちの切迫した心情を痛々しく描き出した秀作だ。子供たちが詩的な世界を形成するのに対して、大人たちは歌わず散文的。しかも大人は男女一人ずつが何役も兼ね、代替可能な存在として提示される。

楽曲はグルーヴ感たっぷりで、そのくせ叙情性に富む。冒頭でヴェンドラが歌う「私を生んだママ」と、ヴェンドラとメルヒオールのデュエット「からだの声」が静けさの中に真摯な思いを込めたナンバーで、リプリーズされる。2幕冒頭を飾る合唱「罪深きもの」が哀切だ。無心を断られたモリッツの叫びと、断りの手紙（原作の2幕5場と7場）を同時進行させた「そして誰もいなくなった」が出色。

859公演。トニー賞は作品など8部門を獲得した。

ヒップホップでつづる『イン・ザ・ハイツ』

『イン・ザ・ハイツ In the Heights』（2008年）は、作曲・作詞・主演を務めたリン＝マニュエル・ミランダ（1980年生まれ）という新しい才能の出現を世に知らしめた画期的作品。ヒスパニック系移民の共同体を、彼らの音楽であるヒップホップで映し出す。キアーラ・アレグリア・ウデス台本、トーマス・カイル演出、アンディ・ブランケンビューラー振付。

ニューヨークのワシントン・ハイツ地区にあるヒスパニック系移民の集まる街。両親から食料雑貨店を継いだウスナビは、いつか故郷ドミニカに錦を飾る日を夢見ている。向かいのリムジン会社では、アフリカ系の従業員ベニーが初めて無線管理を任されて張り切っていた。経営者の娘ニーナは名門スタンフォード大学に入学し、地域の誇りだったが、奨学金を打ち切られたため大学をドロップアウトして帰って来る。再会したニーナとベニーは恋に落ちる。隣のヘアサロンで働くヴァネッサはいつか、この街を出たいと望んでいる。彼女に気があるウスナビはデートに誘い、花火を見に行く。

移民一世で皆から「おばあちゃん」と慕われていたアブエラ・クラウディアは長年買い続けていた宝くじが当たり、ウスナビにドミニカでの開店資金の提供を申し出る。一方、ニーナの父ケヴィンは娘の学費を捻出するためにリムジン会社を売り払ってしまい、妻とベニーが激怒する。さらにケヴィンは、娘がヒスパニック以外の男と付き合うことにも反対する。そんな折、アブエラの訃報がもたらされる。彼女の遺品に、同胞たちの積年の歴史を刻んだ写真を見つけたニーナは、大学に戻る決意をする。やがて、ヘアサロンが移転することになり、ウスナビの店の両隣はいずれも閉店。同胞が一人二人と去ってゆく中で、ウスナビは自らの「故郷」であるこの地で生き続けようと思う……。

夢と希望を抱いてアメリカに移住した時代から歳月が流れ、共同体の住民はそれぞれの方向に歩み出す。その多様な人間模様と喜怒哀楽を光彩豊かに描き出した。寂れゆく共同体の姿は『屋根の上のヴァイオリン弾き』を踏まえている。ヒスパニックの中で黒人が差別されるなど、マイノリティの中のマイノリティの問題にも触れている。シャッターの落書きを利用した幕切れの美術が感動的だ。

軽快な楽曲が多い。冒頭でウスナビが状況を語る主題歌「イン・ザ・ハイツ」は、ヒップホップのノリがよく、サビがキャッチーな好ナンバー。帰郷したニーナが嘆く「ブリーズ」はメロディアスなバラードだ。アブエラの「忍耐と信念」に移民の矜持がこもる。かき氷売りの「ピラグア」が街の風情を彩る。同胞の精神的支柱であったアブエラの訃報を、ケヴィンがタクシー無線で同胞に知らせる「アテンション」の趣向と、それに続く挽歌「アラバンザ」の深みが秀逸だ。

1184公演。トニー賞は作品など4部門。

切ないラヴ・ストーリー『ワンス』

『ワンス Once』（2012年）は、インディペンデント系の同名映画（邦題『Once ダブリンの街角で』、2006年）のミュージカル化。ストリート・ミュージシャンの男と移民の女との切ないラヴ・ストーリーだ。グレン・ハンザード&マルケタ・イルグロヴァ作曲・作詞、エンダ・ウォルシュ台本、ジョン・ティファニー演出、スティーヴン・ホゲット振付。

アイルランドのダブリン。ミュージシャンを目指しながら父親の店で働く男が街頭で弾き語りをしていると、歌を聴いていた女が声をかける。まだ少女のような面影の女はピアノを弾き、二人は楽器店に行って男の作曲した歌をデュエットする。やがて男は女の家に招かれ、彼女の母親やチェコ人のルームメートと会う。さらに彼女の娘まで出てきて男は当惑する。夫は別居中でチェコに帰っているという。女は既婚者で子供までいたのだ。

女は男にスタジオでレコーディングして曲を発表し、ニューヨークへ行くべきだと説き伏せる。二人は銀行から融資を取り付け、メンバーをかき集めてスタジオ入りする。スタジオのエンジニアは当初、彼らを素人扱いしていたが、演奏を聴いて瞠目する。録音を終えて、男は女に一緒にニューヨークへ行こうと持ちかけるが、現実がそれを許さない。ラストシーンは原作映画と異なる。男は父からもらった渡航費でピアノを買って女に贈る。二人は別々の場所でそれぞれ、出会った日にデュエットした歌を静かに歌う……。

しがない男女のかなわぬ恋を、繊細な心情の変化を織り込みながらロマンティックに描いている。音楽を介した恋を音楽でつづる趣向に説得力があり、深い思いは、もっぱら歌に託して表現される。出演者は舞台両脇に控え、楽器も演奏する。女の母親たちがチェコ語で会話する場面では、実際は英語を話しながらチェコ語の字幕を出す処理がユニークで、後半、それを利用した皮肉にも美しい一場を形成する。ダンスは、歌ったり演奏したりする動きを誇張した舞いのような動きを見せる。とりわけ、女が「もしあなたが私を望むなら」を歌う場で、二人の分身と共に思い詰めたように舞うのが印象深い。

楽曲はシンプルだが、しみじみと聴かせるメロディラインで、憂いと諦観を帯びている。出会ったばかりの男女がデュエットする「ゆっくりと落ちて」（原作映画ではアカデミー賞最優秀楽曲賞を受賞）が、イメージ喚起力に富む代表曲。フィナーレでのリプリーズが深い余韻を残す。スタジオ録音する「ホェン・ユア・マインド・メイド・アップ」が徐々に迫力を増してゆく好ナンバー。女の「もしあなたが私を望むなら」が静謐で狂おしい。

１１６８公演。トニー賞は作品など８部門を獲得した。

『ファン・ホーム Fun Home』（２０１５年）は、ゲイの父娘の愛憎を赤裸々に描いた家族劇。原作はアリソン・ベクダルの同名漫画だが、漫画といっても繊細で微妙なテーマを扱った私小説的物語だ。ジャニーン・テソーリ作曲、リサ・クロン作詞・台本、サム・ゴールド演出、ダニー・メフォード振付。

主人公のアリソンは、活発な少女時代の小アリソン、性に目覚める青春期の中アリソン、長じて漫画家になった現在の大アリソンと、三人の俳優によって演じられ、時空は過去から現在まで自在に行き来する。田舎町に住む父親は家業の葬儀屋を継ぐ傍ら、高校教師を務めていた。小アリソンは、健やかな家庭生活を送っていた小さな頃から、やがて両親の諍いが始まり、父親が裁判所からある命令を受けた時期までを演じる。中アリソンは自らがゲイであることを自覚し、初めて女性と性体験を持つ。それを両親にカミング・アウトしたところ、父親も隠れゲイだったと知らされ、衝撃を受ける。大アリソンは、交通事故で死んだ父親は自殺だったのではないかと考えている。彼女は、かつて横柄に思え、のちにゲイとわかった父親を理解しようとし、自らのアイデンティティを確認する。

主人公を、年代を違えて三人登場させることで、複眼的な視点の中にユーモアと精彩に富んだドラマが展開する。小・中アリソンが当時の意識のままに出来事を再生し、大アリソンは忘れかけていた記憶を呼び覚ます。かつて明確に認識できなかった事柄を、現在のアリソンが統合して理解し、さまざまな事柄が符合してゆく趣向が秀逸だ。その中で、自らの成長と性の自覚、ゲイであった父親への理解が同調して語られる。

初めて女性への魅力を感じた小アリソンが切なげに歌う「鍵の環」が清新で素晴らしい。初体験をした中アリソンの「専攻を変えて」が覚悟の新生を語って鮮烈。序盤で、平和な頃の家庭を活写した「メープル通りのわが家へようこそ」が瑞々しくメロディアスだ。父親が終盤、苦悩の叫びを上げる「世界の淵」が深刻なナンバー。

2016年春現在、400公演を超えてロングラン中。トニー賞は作品など5部門。

『ハミルトン』が拓く可能性

リン・マニュエル・ミランダは『ハミルトン Hamilton』（2015年）で偉大な達成をした。アメリカ合衆国の初代財務長官で、合衆国憲法の事実上の起草者であり、今も10ドル紙幣に肖像を刻む「建国の父」アレグザンダー・ハミルトン（1755－1804）の劇的な半生を描く伝記劇だ。ミランダ作曲・作詞・台本・主演、トーマス・カイル演出。

カリブ海の小島に孤児として育ったハミルトンは少年時代、故郷の街を破壊したハリケーンを報じた文章で早くも文才を顕した。十代でアメリカに渡り、ニューヨークの大学で政治・法律学を学ぶ傍ら、生涯の論敵となるアーロン・バーや革命（アメリカ独立）を目指すジョン・ローレンスらと知り合う。やがて独立戦争の大陸軍に参加して軍人としても才覚を発揮し、ジョージ・ワシントン総司令官の右腕となる。

1790年冬、フィリップ・スカイラー（大陸会議代議員、のちに上院議員）が主催した舞踏会で彼の娘イライザと一目で恋に落ち、まもなく結婚する。彼女の進歩的な姉アンジェリカもまたハミルトンに惹かれたが、妹のために身を引く。イライザとの間には息子フィリップを授かる。ハミルトンは一時期、ワシントン総司令官から干されたものの、雌雄を決するヨークタウンの戦いで陣頭指揮を執り、大陸軍を勝利に導く。アメリカが独立を勝ち取った後、ハミルトンは憲法制定会議の代理人に抜擢され、合衆国憲法の指針となった「フェデラリスト・ペーパー」を起草する。初代大統領に就任したワシントンは、ハミルトンを財務長官に任命した。

ハミルトンはさまざまな財政計画を立案したが、政敵トーマス・ジェファーソン（独立宣言の起草者、のちに大統領）としばしば対立し、激論を戦わせた。やがて、ワシントンが大統領を辞し、ジョン・アダムズが二代目大統領となる。ハミルトンも嘱望されていたが、マリア・レイノルズという女性との不倫が発覚し、その可能性は潰《つい》える。数年後、19歳になった息子フィリップは、父を誹謗した男に決闘を申し込み、命を落とす。

1880年の大統領選で、ハミルトンは候補者のアーロン・バーではなくジェファーソンを支持し、地滑り的勝利に導いた。その後、バーの無節操な政治的立場を批判したことで、かねてハミルトンに憎悪を抱いていた政敵バーは、決闘を申し込む。ハミルトンはバーの銃弾に倒れ、49歳の生涯を閉じた……。

楽曲はヒップホップを多用し、ノリのよい短調曲が多い。冒頭の「アレグザンダー・ハミルトン」「マイ・ショット」は、状況と主要な登場人物を手際よく紹介する。閣僚会議などの論争もラップの応酬で迫真的かつリズミカルに運ぶ。1幕終盤のバーとハミルトンのデュエット「いとしのシオドシア」（シオドシアはバーの娘）、2幕終盤にアンジェリカ、ハミルトンらが歌う「静かなアップタウン」がメロディアスだ。2幕後半、夫の不倫を知ったイライザが嘆く「焼失」に深い情感がこもる。おずおずと虚勢を張る英国王ジョージ3世の歌が、失笑を買うといった感じの笑いを誘った。不倫疑惑に見舞われたハミルトンが歌う「ハリケーン」は、少年時代の功績を踏まえているなど、伏線も巧妙に張り巡らされている。

『イン・ザ・ハイツ』は歌と台詞で構成されていたが、本作は全編が歌のみで綴られる。説明や論争などの叙述部分はヒップホップが受け持ち、心情の独白やデュエットはポップスやバラードでたっぷりと聴かせる。ヒップホップのくだりではメロディアスなアンダー・スコアを配し、絶えず流れる音楽が心地よい。これは叙唱のレチタティーヴォと、旋律的なアリアとを分離するオペラの音楽構造に連なるもので、早くもヒッポペラ（Hip hop＋Opera）という造語が生み出されている。ミュージカルに、音楽の役割分担を持ち込んだのだ。その音楽が、波乱に富んだ多弁な物語をこよなく流麗にテンポよく運んでみせた。

『ハミルトン』の成功で、ミュージカルはさらに進化する兆しを見せている――。

ブロードウェイ・ロングラン30傑

	作　品	初演年	公演回数
1	オペラ座の怪人	1988	11774（続演中）
2	シカゴ（再演）	1996	8099（続演中）
3	ライオン・キング	1997	7697（続演中）
4	キャッツ	1982	7485
5	レ・ミゼラブル	1987	6680
6	コーラス・ライン	1975	6137
7	オー・カルカッタ！（再演）	1976	5959
8	マンマ・ミーア！	2001	5758
9	美女と野獣	1994	5461
10	ウィキッド	2003	5230（続演中）
11	レント	1996	5123
12	ジャージー・ボーイズ	2005	4362（続演中）
13	ミス・サイゴン	1991	4092
14	42ndストリート	1980	3486
15	グリース	1972	3388
16	屋根の上のヴァイオリン弾き	1964	3242
17	ハロー、ドーリー！	1964	2844
18	マイ・フェア・レディ	1956	2717
19	ヘアスプレー	2002	2642
20	メアリー・ポピンズ	2006	2619
21	アヴェニューQ	2003	2534
22	プロデューサーズ	2001	2502
23	キャバレー（再演）	1998	2377
〃	アニー	1977	2377
25	ラ・マンチャの男	1965	2328
〃	ロック・オブ・エイジズ	2009	2328
27	オクラホマ！	1943	2212
28	ブック・オブ・モルモン	2011	2152（続演中）
29	ピピン	1972	1944
30	南太平洋	1949	1925

※2016年5月15日現在。IBDBによる。

あとがき

ミュージカルの隆盛が続く。

東京では、残念ながら劇場の閉館が相次ぐ中で、ミュージカル専用劇場だけは増え続けている。観客動員数で見れば、演劇全体の6割以上を占めるものと推計され、演劇における最大ジャンルに成長した。本場ブロードウェイでは現在、2年以上ロングランしているヒット作が10本を数え、昨年（2015年）のトニー賞主要部門を受けた3作いずれもなお好調だ。一週間程度の滞在では観て回れないほどの名作・話題作が同時に上演されているのだ。

これだけ人気を誇る芸能ジャンルとなったにもかかわらず、ミュージカルの成り立ちから21世紀までの主要な作品を網羅した「ミュージカル史」は、日本ではまだ書かれたことがなかった。本書はその空白を埋める試みである。

私はこれまでニューヨーク・ロンドン・東京などで千本近くのミュージカルを観劇してきた。本書である程度の行数を割いた作品の大半は、オリジナル・再演を問わず、なんらかの上演を観たことがある。執筆にあたっては、文献も渉猟したが、これらの観劇体験が大いに役に立った。言うまでもなくミュージカルは優れて感覚的な芸術であって、資料に当たっただけではわからないことが多い。例えば『ラグタイム』（1998年初演）の項で、楽曲「私たちの子供たち」を「出色のナンバー」と記したが、CDを聴いただけではこの曲の素晴らしさはうまく理解できないのではないかと思う。それまでのドラマがあって、アトランティック・シティの開けた光景があって、歌う男女の感情の機微があって、この歌は「出色のナンバー」だと実感されるのだ。

　この本では、ミュージカルの歴史に於いて重要な作品ほど、手厚くページを割いた。ただし、アンドリュー・ロイド＝ウェバーの登場以降、2006年までの代表的な現代ミュージカルについては、すでに拙著『進化するミュージカル』（論創社）で詳述しているので、説明はコンパクトにしてある。関心のある方は、そちらも参照していただけたら幸いだ。

　本書で触れた作品のうち、入手可能なオリジナル・キャスト版CDを私はすべて持っており、それらを聴き返しながら執筆を進めた。ミュージカル・ナンバーを反芻するうちに、あのわくわくした舞台、涙を流さんばかりに笑い転げた瞬間、胸を打たれたシーンの数々がにわかに蘇ってきた。そうした作品の「よさ」に突き動かされて、本書を書き進めることができたように思う。

　刊行にあたっては、出版を打診してくださった中央公論新社の中田哲史氏にひとかたならぬお世話になった。深く感謝申し上げたい。

二〇一六年五月吉日

小山内　伸

参考文献

Block, Geoffrey. *Enchanted Evenings, Second Edition*, Oxford University Press, 2009.

Bordman, Gerald. *Jerome Kern: His Life and Music*, Oxford University Press, 1980.

Everett, William A. Laird, Paul R. *Musical, Second Edition*, Cambridge University Press, 2008.

Everett, William A. Laird, Paul R. *The A to Z of The Broadway Musical*, The Scarecrow Press, 2009.

Freedland, Michael. *Jerome Kern: A Biography*, Stein and Day, 1978.

Green, Stanley. *The World of Musical Comedy, Fourth Edition*, A. S. Barnes, 1980.

Green, Stanley. Green Kay. *Broadway Musicals: Show by Show, Sixth Edition*, Applause Theatre & Cinema Books, 2008.

Jackson, Arthur. *The Book of Musicals*, Webb & Bower, 1977.

Kenrick, John. *Musical Theatre: A History*, The Continuum International Publishing, 2008.

Kislan, Richard. *The Musical*, Applause Theatre & Cinema Books, 1995.

Kreuger, Miles. *Show Boat CD liner notes*, EMI Records, 1988.

Lewis, David H. *Broadway Musicals*, McFarland & Company, 2002.

Mordden, Ethan. *Anything Goes: A History of American Musical Theatre*, Oxford University Press, 2013.

Raymond, Jack. *Show Music on Record*, Frederick Unger Publishing, 1982.

Rodgers, Richard. *Musical Stages: An Autobiography*, Da Capo Press, 1995.

DVD：*Broadway: The American Musical*, PBS, 2004.

シヴェルブシュ、ヴォルフガング『闇をひらく光――19世紀における照明の歴史』小川さくえ訳、法政大学出版局、1988年。

ジャンプ、ジョン・D『バーレスク』斎藤和明訳、研究社出版、1973年。

ラーナー、アラン・ジェイ『ミュージカル物語』千葉文夫・星優子・梅本淳子訳、筑摩書房、1990年。

ルシューズ、ジャック『オペレッタ』岡田朋子訳、白水社、2013年。

井野瀬久美恵『大英帝国はミュージック・ホールから』朝日選書、1990年。

石川敏男・寺崎裕則『現代英国演劇』朝日出版社、1986年。

大平和登『ブロードウェイ』作品社、1980年。

大平和登『ブロードウェイ2』作品社、1985年。

喜志哲雄『ミュージカルが《最高》であった頃』晶文社、2006年。

鴫原眞一編『モダン・アメリカン・ドラマ』研究社出版、1989年。

芝邦夫編『ブロードウェイ・ミュージカル事典』劇書房、1984年。

扇田昭彦『ビバ！ ミュージカル』朝日新聞社、1994年。

扇田昭彦『ミュージカルの時代』キネマ旬報社、2000年。


公演データは、インターネット・ブロードウェイ・データベース（IBDB）に拠った。

振付賞	主演男優賞	主演女優賞	リヴァイヴァル賞(1977～)
スーザン・ストローマン『コンタクト』	ブライアン・ストークス・ミッチェル『キス・ミー、ケイト』(再演)	ヘザー・ヘドリー『アイーダ』	『キス・ミー、ケイト』
スーザン・ストローマン『プロデューサーズ』	ネイサン・レイン『プロデューサーズ』	クリスティン・エバーソール『フォーティ・セカンド・ストリート』(再演)	『フォーティ・セカンド・ストリート』
ロブ・アシュフォード『モダン・ミリー』	ジョン・リスゴー『成功の甘き香り』	サットン・フォスター『モダン・ミリー』	『イントゥ・ザ・ウッズ』
トワイラ・サープ『ムーヴィン・アウト』	ハーヴィー・ファイアスティーン『ヘアスプレー』	メリッサ・ジャレット・ウィノカー『ヘアスプレー』	『ナイン』
キャスリーン・マーシャル『ワンダフル・タウン』(再演)	ヒュー・ジャックマン『ボーイ・フロム・オズ』	イディナ・メンゼル『ウィキッド』	『アサシンズ』
ジェリー・ミッチェル『ラ・カージュ・オ・フォール』(再演)	ノーバート・リオ・バッツ『ペテン師と詐欺師』	ヴィクトリア・クラーク『ライト・イン・ザ・ピアッツァ』	『ラ・カージュ・オ・フォール』
キャスリーン・マーシャル『パジャマ・ゲーム』(再演)	ジョン・ロイド・ヤング『ジャージー・ボーイズ』	ラ・シャンズ『カラー・パープル』	『パジャマ・ゲーム』
ビル・T・ジョーンズ『春のめざめ』	デイヴィッド・ハイド・ピアーズ『カーテンズ』	クリスティン・エバーソール『グレイ・ガーデンズ』	『カンパニー』
アンディ・ブランケンビューラー『イン・ザ・ハイツ』	パウロ・ショット『南太平洋』(再演)	パティ・ルポン『ジプシー』(再演)	『南太平洋』
ピーター・ダーリング『ビリー・エリオット』	デヴィッド・アルバレス、トレント・コワリック、キリル・クリシュ『ビリー・エリオット』	アリス・リプリー『ネクスト・トゥ・ノーマル』	『ヘアー』
ビル・T・ジョーンズ『フェラ！』	ダグラス・ホッジ『ラ・カージュ・オ・フォール』(再演)	キャサリン・ゼタ＝ジョーンズ『リトル・ナイト・ミュージック』(再演)	『ラ・カージュ・オ・フォール』
キャスリーン・マーシャル『エニシング・ゴーズ』(再演)	ノーバート・リオ・バッツ『キャッチ・ミー・イフ・ユー・キャン』	サットン・フォスター『エニシング・ゴーズ』(再演)	『エニシング・ゴーズ』
クリストファー・ガテーリ『ニュージーズ』	スティーヴ・カジー『ワンス』	オードラ・マクドナルド『ポーギーとベス』(再演)	『ポーギーとベス』
ジェリー・ミッチェル『キンキー・ブーツ』	ビリー・ポーター『キンキー・ブーツ』	パティナ・ミラー『ピピン』(再演)	『ピピン』
ウォーレン・カーライル『アフター・ミッドナイト』	ニール・パトリック・ハリス『ヘドウィグ・アンド・アングリー・インチ』(再演)	ジェシー・ミューラー『ビューティフル』	『ヘドウィグ・アンド・アングリー・インチ』
クリストファー・ウィールドン『巴里のアメリカ人』	マイケル・サーヴェリス『ファン・ホーム』	ケリー・オハラ『王様と私』(再演)	『王様と私』

※トニー賞は1947年創設。ミュージカル部門の創設は1949年度から。トニー賞公式サイトによる。

年度	作品賞	楽曲賞	演出賞
2000	『コンタクト』	エルトン・ジョン、 ティム・ライス 『アイーダ』	マイケル・ブレイクモア 『キス・ミー、ケイト』(再演)
2001	『プロデューサーズ』	メル・ブルックス 『プロデューサーズ』	スーザン・ストローマン 『プロデューサーズ』
2002	『モダン・ミリー』	マーク・ホルマン、 グレッグ・コティス 『ユーリンタウン』	ジョン・ランド 『ユーリンタウン』
2003	『ヘアスプレー』	マーク・シャイマン、 スコット・ウィットマン 『ヘアスプレー』	ジャック・オブライエン 『ヘアスプレー』
2004	『アヴェニュー Q』	ロバート・ロペス、 ジェフ・マークス 『アヴェニュー Q』	ジョー・マンテロ 『アサシンズ』
2005	『モンティ・パイソンの スパマロット』	アダム・ゲッテル 『ライト・イン・ザ・ ピアッツァ』	マイク・ニコルズ 『モンティ・パイソンの スパマロット』
2006	『ジャージー・ボーイズ』	リサ・ランバート、 グレッグ・モリソン 『ドラウジー・シャペロン』	ジョン・ドイル 『スウィーニー・トッド』(再演)
2007	『春のめざめ』	ダンカン・シーク、 スティーヴン・セイター 『春のめざめ』	マイケル・メイヤー 『春のめざめ』
2008	『イン・ザ・ハイツ』	リン-マニュエル・ミランダ 『イン・ザ・ハイツ』	バートレット・シャー 『南太平洋』(再演)
2009	『ビリー・エリオット』	トム・キット、 ブライアン・ヨーキー 『ネクスト・トゥ・ノーマル』	スティーヴン・ダルドリー 『ビリー・エリオット』
2010	『メンフィス』	デヴィッド・ブライアン、 ジョー・ディピエトロ 『メンフィス』	テリー・ジョンソン 『ラ・カージュ・オ・フォール』 (再演)
2011	『ブック・オブ・モルモン』	トレイ・パーカー、 ロバート・ロペス、 マット・ストーン 『ブック・オブ・モルモン』	ケーシー・ニコロウ、 トレイ・パーカー 『ブック・オブ・モルモン』
2012	『ワンス』	アラン・メンケン、 ジャック・フェルドマン 『ニュージーズ』	ジョン・ティファニー 『ワンス』
2013	『キンキー・ブーツ』	シンディ・ローパー 『キンキー・ブーツ』	ダイアン・パウルス 『ピピン』(再演)
2014	『紳士のための 愛と殺人の手引き』	ジェーソン・ロバート・ ブラウン 『マディソン郡の橋』	ダルコ・トレズニャック 『紳士のための 愛と殺人の手引き』
2015	『ファン・ホーム』	ジャニーン・テソリ、 リサ・クローン 『ファン・ホーム』	サム・ゴールド 『ファン・ホーム』

振付賞	主演男優賞	主演女優賞	リヴァイヴァル賞 (1977～)
ダニー・ダニエルズ 『ザ・タップ・ダンス・キッド』	ジョージ・ハーン 『ラ・カージュ・オ・フォール』	チタ・リヴェラ 『ザ・リンク』	
ボブ・フォッシー 『ビッグ・ディール』	ジョージ・ローズ 『ミステリー・オブ・エドウィン・ドルード』	バーナデッド・ピーターズ 『ソング・アンド・ダンス』	『スウィート・チャリティ』
ジリアン・グレゴリー 『ミー・アンド・マイ・ガール』(再演)	ロバート・リンゼイ 『ミー・アンド・マイ・ガール』(再演)	マリアン・プランケット 『ミー・アンド・マイ・ガール』(再演)	
マイケル・スミン 『エニシング・ゴーズ』(再演)	マイケル・クロフォード 『オペラ座の怪人』	ジョアンナ・グリースン 『イントゥ・ザ・ウッズ』	『エニシング・ゴーズ』
コリー・アトキンス、ヘンリー・ルタン、フランキー・マニング、フェイヤード・ニコラス 『ブラック・アンド・ブルー』	ジェイソン・アレクサンダー 『ジェローム・ロビンズのブロードウェイ』	ルース・ブラウン 『ブラック・アンド・ブルー』	
トミー・チューン 『グランド・ホテル』	ジェームズ・ノートン 『シティ・オブ・エンジェルズ』	タイン・デイリー 『ジプシー』(再演)	『ジプシー』
トミー・チューン 『ウィル・ロジャーズ・フォリーズ』	ジョナサン・プライス 『ミス・サイゴン』	レア・サロンガ 『ミス・サイゴン』	『屋根の上のヴァイオリン弾き』
スーザン・ストローマン 『クレイジー・フォー・ユー』	グレゴリー・ハインズ 『ジェリーズ・ラスト・ジャム』	フェイス・プリンス 『ガイズ・アンド・ドールズ』(再演)	『ガイズ・アンド・ドールズ』
ウェイン・シレント 『フーズ・トミー』	ブレント・カーヴァー 『蜘蛛女のキス』	チタ・リヴェラ 『蜘蛛女のキス』	
ケネス・マクミラン 『回転木馬』(再演)	ボイド・ゲインズ 『シー・ラヴズ・ミー』(再演)	ドナ・マーフィ 『パッション』	『回転木馬』
スーザン・ストローマン 『ショー・ボート』(再演)	マシュー・ブロデリック 『努力しないで出世する方法』(再演)	グレン・クローズ 『サンセット大通り』	『ショー・ボート』
セイヴィオン・グラヴァー 『ブリング・イン・ダ・ノイズ、ブリング・イン・ダ・ファンク』	ネイサン・レイン 『ローマで起った奇妙な出来事』(再演)	ドナ・マーフィ 『王様と私』(再演)	『王様と私』
アン・ライキング 『シカゴ』(再演)	ジェームズ・ノートン 『シカゴ』(再演)	ベベ・ニューワース 『シカゴ』(再演)	『シカゴ』
ガース・フェイガン 『ライオン・キング』	アラン・カミング 『キャバレー』(再演)	ナターシャ・リチャードソン 『キャバレー』(再演)	『キャバレー』
マシュー・ボーン 『白鳥の湖』	マーチン・ショート 『リトル・ミー』(再演)	バーナデッド・ピーターズ 『アニーよ銃をとれ』(再演)	『アニーよ銃をとれ』

年度	作品賞	楽曲賞	演出賞
1984	『ラ・カージュ・オ・フォール』	ジェリー・ハーマン 『ラ・カージュ・オ・フォール』	アーサー・ローレンツ 『ラ・カージュ・オ・フォール』
1985	『ビッグ・リヴァー』	ロジャー・ミラー 『ビッグ・リヴァー』	デズ・マカナフ 『ビッグ・リヴァー』
1986	『ミステリー・オブ・エドウィン・ドルード』	ルパート・ホームズ 『ミステリー・オブ・エドウィン・ドルード』	ウィルフォード・リーチ 『ミステリー・オブ・エドウィン・ドルード』
1987	『レ・ミゼラブル』	クロード・ミッシェル・シェーンベルク、 アラン・ブーブリル、 ハーバート・クレッツマー 『レ・ミゼラブル』	トレヴァー・ナン、 ジョン・ケアード 『レ・ミゼラブル』
1988	『オペラ座の怪人』	スティーヴン・ソンドハイム 『イントゥ・ザ・ウッズ』	ハロルド・プリンス 『オペラ座の怪人』
1989	『ジェローム・ロビンズのブロードウェイ』		ジェローム・ロビンズ 『ジェローム・ロビンズのブロードウェイ』
1990	『シティ・オブ・エンジェルズ』	サイ・コールマン、 デヴィッド・ジッペル 『シティ・オブ・エンジェルズ』	トミー・テューン 『グランド・ホテル』
1991	『ウィル・ロジャーズ・フォリーズ』	サイ・コールマン、 ベティ・カムデン、 アドルフ・グリーン 『ウィル・ロジャーズ・フォリーズ』	トミー・テューン 『ウィル・ロジャーズ・フォリーズ』
1992	『クレイジー・フォー・ユー』	ウィリアム・フィン 『ファルセット』	ジェリー・ザックス 『ガイズ・アンド・ドールズ』 （再演）
1993	『蜘蛛女のキス』	ジョン・カンダー、 フレッド・エブ 『蜘蛛女のキス』、 ピート・タウンゼント 『フーズ・トミー』	デズ・マカナフ 『フーズ・トミー』
1994	『パッション』	スティーヴン・ソンドハイム 『パッション』	ニコラス・ハイトナー 『回転木馬』（再演）
1995	『サンセット大通り』	アンドリュー・ロイド＝ウェバー、 ドン・ブラック、 クリストファー・ハンプトン 『サンセット大通り』	ハロルド・プリンス 『ショー・ボート』（再演）
1996	『レント』	ジョナサン・ラーソン 『レント』	ジョージ・C・ウルフ 『ブリング・イン・ダ・ノイズ、ブリング・イン・ダ・ファンク』
1997	『タイタニック』	モーリー・イェストン 『タイタニック』	ウォルター・ボビー 『シカゴ』（再演）
1998	『ライオン・キング』	スティーヴン・フラハーティ、 リン・アーレンズ 『ラグタイム』	ジュリー・テイモア 『ライオン・キング』
1999	『フォッシー』	ジェイソン・ロバート・ブラウン 『パレード』	マシュー・ボーン 『白鳥の湖』

振付賞	主演男優賞	主演女優賞	リヴァイヴァル賞 (1977～)
ロン・フィールド 『キャバレー』	ロバート・プレストン 『アイ・ドゥ！アイ・ドゥ！』	バーバラ・ハリス 『アップル・ツリー』	
ガワー・チャンピオン 『ザ・ハッピー・タイム』	ロバート・グーレット 『ザ・ハッピー・タイム』	パトリシア・ルートリッジ 『ダーリング・オブ・ザ・デイ』、 レスリー・ウッガムズ 『ハレルヤ、ベイビー！』	
ジョー・レイトン 『ジョージ・M！』	ジェリー・オーバック 『プロミセズ、プロミセズ』	アンジェラ・ランズベリー 『ディア・ワールド』	
ロン・フィールド 『アプローズ』	クリーヴォン・リトル 『パーリー』	ローレン・バコール 『アプローズ』	
ドナルド・サドラー 『ノー、ノー、ナネット』(再演)	ハル・リンデン 『ザ・ロスチャイルド』	ヘレン・ギャラガー 『ノー、ノー、ナネット』(再演)	
マイケル・ベネット 『フォリーズ』	フィル・シルヴァース 『ローマで起った 奇妙な出来事』（再演）	アレクシス・スミス 『フォリーズ』	
ボブ・フォッシー 『ピピン』	ベン・ヴェリーン 『ピピン』	グリニス・ジョーンズ 『リトル・ナイト・ミュージック』	
マイケル・ベネット 『シーソー』	クリストファー・プラマー 『シラノ』	ヴァージニア・ケイパース 『レイズン』	
ジョージ・フェイソン 『ザ・ウィズ』	ジョン・カラム 『シェナンドー』	アンジェラ・ランズベリー 『ジプシー』（再演）	
マイケル・ベネット、 ボブ・エイヴィアン 『コーラス・ライン』	ジョージ・ローズ 『マイ・フェア・レディ』 （再演）	ドナ・マケクニー 『コーラス・ライン』	
ピーター・ジェネロ 『アニー』	バリー・ボストウィック 『ザ・ロバー・ブライドグルーム』	ドロシー・ルードン 『アニー』	『ポーギーとベス』
ボブ・フォッシー 『ダンシン』	ジョン・カラム 『特急20世紀号で』	ライザ・ミネリ 『ジ・アクト』	
マイケル・ベネット、 ボブ・エイビアン 『ボールルーム』	レン・カリュー 『スウィーニー・トッド』	アンジェラ・ランズベリー 『スウィーニー・トッド』	
トミー・テューン、 トミー・ウォルシュ 『ハリウッドの昼、 ウクライナの夜』	ジム・デイル 『バーナム』	パティ・ルポン 『エヴィータ』	
ガワー・チャンピオン 『フォーティ・セカンド・ ストリート』	ケヴィン・クライン 『ペンザンスの海賊』（再演）	ローレン・バコール 『ミズ・ことし最高の女性』	『ペンザンスの海賊』
マイケル・ベネット、 マイケル・ピーターズ 『ドリームガールズ』	ベン・ハーニー 『ドリームガールズ』	ジェニファー・ホリデー 『ドリームガールズ』	
トミー・テューン、 トミー・ウォルシュ 『マイ・ワン・アンド・ オンリー』	トミー・テューン 『マイ・ワン・アンド・ オンリー』	ナタリア・マカロヴァ 『オン・ユア・トウズ』（再演）	『オン・ユア・トウズ』

年度	作品賞	楽曲賞	演出賞
1967	『キャバレー』	ジョン・カンダー、フレッド・エブ『キャバレー』	ハロルド・プリンス『キャバレー』
1968	『ハレルヤ、ベイビー!』	ジュール・スタイン、ベティ・カムデン、アドルフ・グリーン『ハレルヤ、ベイビー!』	ガワー・チャンピオン『ザ・ハッピー・タイム』
1969	『1776』		ピーター・ハント『1776』
1970	『アプローズ』		ロン・フィールド『アプローズ』
1971	『カンパニー』	スティーヴン・ソンドハイム『カンパニー』	ハロルド・プリンス『カンパニー』
1972	『ヴェローナの二紳士』	スティーヴン・ソンドハイム『フォリーズ』	ハロルド・プリンス、マイケル・ベネット『フォリーズ』
1973	『リトル・ナイト・ミュージック』	スティーヴン・ソンドハイム『リトル・ナイト・ミュージック』	ボブ・フォッシー『ピピン』
1974	『レイズン』	フレデリック・ロウ、アラン・ジェイ・ラーナー『ジジ』	ハロルド・プリンス『キャンディード』
1975	『ザ・ウィズ』	チャーリー・スモールズ『ザ・ウィズ』	ジェフリー・ホルダー『ザ・ウィズ』
1976	『コーラス・ライン』	マーヴィン・ハムリッシュ、エドワード・クリーバン『コーラス・ライン』	マイケル・ベネット『コーラス・ライン』
1977	『アニー』	チャールズ・ストラウス、マーティン・チャーニン『アニー』	ジーン・サックス『アイ・ラヴ・マイ・ワイフ』
1978	『エイント・ミスビヘイヴン』	サイ・コールマン、ベティ・カムデン、アドルフ・グリーン『特急20世紀号で』	リチャード・モルトビー・ジュニア『エイント・ミスビヘイヴン』
1979	『スウィーニー・トッド』	スティーヴン・ソンドハイム『スウィーニー・トッド』	ハロルド・プリンス『スウィーニー・トッド』
1980	『エヴィータ』	アンドリュー・ロイド゠ウェバー、ティム・ライス『エヴィータ』	ハロルド・プリンス『エヴィータ』
1981	『フォーティ・セカンド・ストリート』	ジョン・カンダー、フレッド・エブ『ミズ・ことし最高の女性』	ウィルフォード・リーチ『ペンザンスの海賊』
1982	『ナイン』	モーリー・イェストン『ナイン』	トミー・テューン『ナイン』
1983	『キャッツ』	アンドリュー・ロイド゠ウェバー、T・S・エリオット『キャッツ』	トレヴァー・ナン『キャッツ』

振付賞	主演男優賞	主演女優賞	リヴァイヴァル賞 (1977～)
アグネス・デ・ミル『ブリガドゥーン』、マイケル・キッド『フィニアンの虹』			
ジェローム・ロビンズ『ハイ・ボタン・シューズ』	ポール・ハートマン『エンジェル・イン・ザ・ウイングス』	グレイス・ハートマン『エンジェル・イン・ザ・ウイングス』	
ガワー・チャンピオン『耳を貸して』	レイ・ボルジャー『チャーリーはどこ？』	ナネット・ファブレイ『ラヴ・ライフ』	
ヘレン・タミリス『タッチ・アンド・ゴー』	エツィオ・ピンザ『南太平洋』	メアリー・マーティン『南太平洋』	
マイケル・キッド『ガイズ・アンド・ドールズ』	ロバート・アルダ『ガイズ・アンド・ドールズ』	エセル・マーマン『マダムと呼んで』	
ロバート・オルトン『パル・ジョーイ』	フィル・シルヴァース『トップ・バナナ』	ガートルード・ローレンス『王様と私』	
ドナルド・サドラー『ワンダフル・タウン』	トーマス・ミッチェル『ヘイゼル・フラッグ』	ロザリンド・ラッセル『ワンダフル・タウン』	
マイケル・キッド『カン・カン』	アルフレッド・ドレイク『キスメット』	ドロレス・グレイ『フランダースのカーニヴァル』	
ボブ・フォッシー『パジャマ・ゲーム』	ウォルター・スレザク『ファニー』	メアリー・マーティン『ピーターパン』	
ボブ・フォッシー『くたばれ、ヤンキース』	レイ・ウォルストン『くたばれ、ヤンキース』	グウェン・ヴァードン『くたばれ、ヤンキース』	
マイケル・キッド『リル・アブナー』	レックス・ハリソン『マイ・フェア・レディ』	ジュディ・ホリデー『ベルが鳴っている』	
ジェローム・ロビンズ『ウエスト・サイド・ストーリー』	ロバート・プレストン『ザ・ミュージック・マン』	セルマ・リッター、グウェン・ヴァードン『町へ来たニュー・ガール』	
ボブ・フォッシー『レッドヘッド』	リチャード・カイリー『レッドヘッド』	グウェン・ヴァードン『レッドヘッド』	
マイケル・キッド『デストリー・ライズ・アゲイン』	ジャッキー・グリースン『テイク・ミー・アロング』	メアリー・マーティン『サウンド・オブ・ミュージック』	
ガワー・チャンピオン『バイ・バイ・バーディー』	リチャード・バートン『キャメロット』	エリザベス・シール『イルマ・ラ・ドゥース』	
ジョー・レイトン『ノー・ストリングス』	ロバート・モース『努力しないで出世する方法』	アンナ・マリア・アルバゲッティ『カーニヴァル』、ダイアン・キャロル『ノー・ストリングス』	
ボブ・フォッシー『リトル・ミー』	ゼロ・モステル『ローマで起った奇妙な出来事』	ヴィヴィアン・リー『トヴァリッチ』	
ガワー・チャンピオン『ハロー、ドーリー！』	バート・ラー『フォクシー』	キャロル・チャニング『ハロー、ドーリー！』	
ジェローム・ロビンズ『屋根の上のヴァイオリン弾き』	ゼロ・モステル『屋根の上のヴァイオリン弾き』	ライザ・ミネリ『フローラ、ザ・レッド・メナス』	
ボブ・フォッシー『スイート・チャリティ』	リチャード・カイリー『ラ・マンチャの男』	アンジェラ・ランズベリー『メイム』	

トニー賞主要部門受賞一覧

年度	作品賞	楽曲賞	演出賞
1947		クルト・ヴァイル 『ストリート・シーン』	
1948			
1949	『キス・ミー、ケイト』	コール・ポーター 『キス・ミー、ケイト』	
1950	『南太平洋』	リチャード・ロジャース 『南太平洋』	ジョシュア・ローガン 『南太平洋』
1951	『ガイズ・アンド・ドールズ』	アーヴィング・バーリン 『マダムと呼んで』	ジョージ・S・コーフマン 『ガイズ・アンド・ドールズ』
1952	『王様と私』		
1953	『ワンダフル・タウン』		
1954	『キスメット』		
1955	『パジャマ・ゲーム』		
1956	『くたばれ、ヤンキース』		
1957	『マイ・フェア・レディ』		モス・ハート 『マイ・フェア・レディ』
1958	『ザ・ミュージック・マン』		
1959	『レッドヘッド』		
1960	『フィオレロ！』、 『サウンド・オブ・ミュージック』		ジョージ・アボット 『フィオレロ！』
1961	『バイ・バイ・バーディー』		ガワー・チャンピオン 『バイ・バイ・バーディー』
1962	『努力しないで出世する方法』	リチャード・ロジャース 『ノー・ストリングス』	エイブ・バローズ 『努力しないで出世する方法』
1963	『ローマで起った奇妙な出来事』	ライオネル・バート 『オリヴァー！』	ジョージ・アボット 『ローマで起った奇妙な出来事』
1964	『ハロー、ドーリー！』	ジェリー・ハーマン 『ハロー、ドーリー！』	ガワー・チャンピオン 『ハロー、ドーリー！』
1965	『屋根の上のヴァイオリン弾き』	ジェリー・ボック、 シェルダン・ハーニック 『屋根の上のヴァイオリン弾き』	ジェローム・ロビンズ 『屋根の上のヴァイオリン弾き』
1966	『ラ・マンチャの男』	ミッチ・リー、 ジョー・ダリオン 『ラ・マンチャの男』	アルバート・マーリ 『ラ・マンチャの男』

小山内 伸（おさない・しん）

演劇評論家・専修大学文学部准教授・昭和音楽大学非常勤講師。

1959年生まれ。慶應義塾大学文学部卒。

1989～2013年、朝日新聞記者を務め、主に東京本社学芸部（現・文化くらし報道部）で文芸・演劇を担当した。

著書に『進化するミュージカル』（論創社）、共著多数。

国際演劇評論家協会（AICT）日本センター会員。日本演劇学会会員。日本文藝家協会会員。

ミュージカル史《し》

2016年6月25日　初版発行

著　者　小《お》山《さ》内《ない》 伸《しん》

発行者　大 橋 善 光

発行所　中央公論新社

〒100-8152　東京都千代田区大手町1-7-1
電話　販売 03-5299-1730　編集 03-5299-1810
URL　http://www.chuko.co.jp/

ＤＴＰ　今井明子
印　刷　三晃印刷
製　本　小泉製本

Published by CHUOKORON-SHINSHA, INC.
Printed in Japan　ISBN978-4-12-004861-6　C0074